清朝故事

一口气读懂中国史

将进酒·黄 著

人民东方出版传媒
東方出版社

清朝大事记

公元 1616 年　努尔哈赤建后金

公元 1636 年　后金改国号为清

公元 1644 年　顺治元年

公元 1661 年　康熙即位

公元 1722 年　雍正即位

公元 1735 年　乾隆即位

公元 1796 年　嘉庆即位

公元 1820 年　道光即位

公元 1840 年　第一次鸦片战争

公元 1850 年　咸丰即位

公元 1851 年　太平天国建立

公元 1861 年　北京政变、同治即位

公元 1864 年　太平天国失败

公元 1874 年　光绪即位

公元 1883 年　中法战争

公元 1895 年　甲午战争

公元 1898 年　戊戌政变

公元 1909 年　宣统即位

公元 1911 年　辛亥革命、清朝灭亡

目录

第一章　入主中原

第二章　老大的盛世

第三章 内忧外患从此始

引子

明朝末年，历史又进入了新一轮的改朝换代：皇帝昏庸、宦官当道，文官爱钱、武将怕死，政治黑暗、民变纷起……1644 年，中国华北的土地上上演着一出大戏。农民武装首领李自成进入北京，明朝最后一个皇帝崇祯在景山自缢而亡，腐朽的明王朝走完了它的最后一步。

但意外的是，历史的改朝换代并没有在这里就停下脚步，而是往前又迈出了一大步：明朝的东北骁将吴三桂联合大清军队，跟李自成在山海关大干一仗，结果，李自成兵败，逃出北京，而大清军队汹涌进入北京城，清王朝在原明朝土地上扎下根来，平定四方，开始了长达二百六十多年的统治。

和以往的王朝一样，清朝也有过辉煌盛世。和以往的王朝不一样的是，清朝的皇帝都聪明能干，勤奋治国。但是，清王朝霉运当头，遇到了以坚船利炮四处扩张的西方列强，再加上专制制度特有的毒瘤，最终如服了慢性毒药一般，在病床上残喘了半个多世纪，才于 1911 年宣告死亡。

第一章　入主中原

明朝末年，处于中国东北的少数民族女真族中，一位英雄努尔哈赤横空出世。他以十三副铠甲起兵，一统女真，并与明军逐鹿辽东，最终打下了属于自己的一片江山，并建立后金政权。

努尔哈赤在吃了袁崇焕一炮去世后，他的儿子皇太极继续着父亲的事业，并改国号为“清”。虽然皇太极一生未能越过山海关，但由于他的励精图治和雄才大略，大清进一步壮大起来。

公元 1644 年，在明朝将领吴三桂的带引下，摄政王多尔衮率领十万八旗铁骑踏过山海关，统一中国。

十三副铠甲起兵

在中国东北的白山黑水间，生活着一支以游猎为业的古老民族——女真族，努尔哈赤就出生在这里，他的祖父和父亲都是受到明政府册封的官员。但就在努尔哈赤刚成年时，祖父和父亲被设计害死，凶手就是女真族的另一首领尼堪外兰和明朝辽东总兵李成梁。年轻的努尔哈赤决心复仇，父辈遗留下来的十三副铠甲是他最大的财产，他就用这些铠甲武装了一批追随者，开始了复仇之旅。

仇人尼堪外兰在李成梁的帮助下，除掉了努尔哈赤的祖父和父亲，获得了大量的金银财宝，整天不是喝酒就是玩女人，认为自己从此以后就是女真族的老大。

但急切想报仇的努尔哈赤，当然不会让尼堪外兰快活多久。公元1584年，他带着自己的一百多人的小部队攻打尼堪外兰。尼堪外兰正在饮酒作乐呢，听说努尔哈赤要来复仇，心想这小子真是不知天高地厚，就凭他那点儿人马，敢跟我斗！可别没事找事啊。

庙堂真相

历史总在延续

历史总在延续，翻过明朝就是清朝，但对女真族来说，是翻过金朝就到了后金。女真族是生活在中国东北的古老民族，历史上曾经建立过强大的金朝。到明末时，努尔哈赤经过几十年的征战，把分散的各支女真部落重新统一起来，1616年，建国“金”，以唤起历史上曾经有过的光荣与梦想，史称“后金”，努尔哈赤自立为汗。两年后，努尔哈赤发布檄文“七大恨”，向明朝政府正式宣战。

没多久，手下人来报告说，努尔哈赤已到了城下。尼堪外兰仔细一听，外面是喊杀声震天，看来这爱新觉罗家的小子，还真不怕死。于是他召集起本部人马，准备出城会会努尔哈赤。可他刚出城门，脚跟都还没有站稳，努尔哈赤就一骑当先冲入尼堪外兰的阵营，手下的士兵也纷纷跟上，一个个仿佛出山猛虎一般，逢人便杀，见头就砍。尼堪外兰的士兵自从打了胜仗以后，一个个吃喝玩乐，身体已经弄得非常虚，哪里扛得住努尔哈赤这班猛人。没一会工夫，就被打散了。尼堪外兰见打不过，连忙掉转马头，逃到明朝那边去了。

初战告捷，努尔哈赤很受鼓舞，他写了一封信给明朝中央政府，开出了自己的条件：我知道我父亲和祖父的死与政府无关，所有的事都是尼堪外兰捣的鬼。所以我只有一个要求，那就是希望政府能把祖父和父亲的遗体以及尼堪外兰给我，以使我能告慰九泉之下的父亲和祖父。

信一到朝廷，朝廷有关人员很是生气，心想：你努尔哈赤好大胆，竟然公开提出要求，这不是要跟朝廷叫板吗？办事的官员就对皇帝说：皇上，咱可不能答应他这个要求。这种事只能朝廷

社会风情

八旗制度

人们称满族人为“八旗子弟”，其实是根据他们的八旗制度而来。1601 年，努尔哈赤正式创立“旗”的制度，初设黄、白、红、蓝四旗，1614 年改设八旗，原四旗改为正黄、正白、正红、正蓝，增设镶黄、镶白、镶红、镶蓝四旗。这是满八旗。后来皇太极又增加了蒙古八旗和汉军八旗。八旗中以正黄、镶黄和正白为上三旗，地位最高。后来的慈禧太后本是下五旗，为了抬高身份，便入了镶黄旗。

说给你才能要，哪还有自己上杆子要的？如果都随便向朝廷提要求，那朝廷威信何在？皇上威信何在？但也有官员认为，努尔哈赤的祖父和父亲毕竟没有过错，咱们这边不过听信了尼堪外兰的话就错杀了他们父子，留下他们的尸体又不能吃，还不如给他，咱也落个人情。但尼堪外兰绝对不能给，连投靠我们的兄弟都不能保护，那以后谁还会给咱做事！

经过大家的讨论，考虑到努尔哈赤势头正猛，国家财政又很困难，明朝政府最后决定：封努尔哈赤为龙虎将军，任命他为建州女真的一把手，并赠送好马三十匹，努尔哈赤祖父和父亲的遗体不但送回，还免费给搭配一副好棺材。

明朝中央政府所做的这一切，努尔哈赤当然很高兴。但尼堪外兰的脑袋没给搬家，依然令他很不爽，这个仇，今天先不报，以后总还是要报的。

公元1586年，努尔哈赤又率领自己的全部人马，开拔到明朝的边境，要求明朝边关负责人交出自己的仇人尼堪外兰。这个时候，原辽东总兵李成梁已经被中央停职在家，新接任的负责人不想惹事，一听说努尔哈赤带了人马来要人，立即就吓得浑身冷汗直冒，

名臣风骨

正人君子不夜行

顾炎武是明末清初的著名学者。好友推荐他去扬州见位高人，特地写了一封介绍信，强调他相貌十分“寝陋”，搞得顾炎武哭笑不得。康熙年间，有人请他吃饭，吃了一阵，顾炎武担心太晚了，准备离开。主人说：“还有很多菜没上呢，晚点没关系，我可以送您回去。”顾炎武生气地说：“走夜路的不是行贿就是私奔，哪有正人君子半夜回家的？”顾炎武正直却不迂腐，很善于理财，一生中从来没有为钱发过愁。

连忙把尼堪外兰骗上囚车，给努尔哈赤送了过去。贪一时便宜的尼堪外兰，最终被努尔哈赤乱刀砍死。

就这样，努尔哈赤以十三副铠甲起兵，不但解决了自己的仇敌尼堪外兰，也得到了明朝政府许的官位，在明朝政府的默许下，他开始了统一女真部落的英雄之旅。

向历史借智慧

靠祖宗不如靠自己

在现实生活中，有很多人一遇到挫折失败，就抱怨自己没生在一个有背景的家庭，自己的父母不是高官富翁。可他们不知道，从古到今，哪一个牛人的辉煌，不是靠自己的双手创造的？一心躺在祖宗的家业上过日子的人，最后只能堕落成寄生虫。而靠自己双手闯天下的人，经过社会的锤炼，终能成为一块好钢。

努尔哈赤之死

1626年年初，努尔哈赤在辽东已经打下了一个包括七十多座城池的地盘，场子已经很大了。但有野心的人欲望也是极难满足的。努尔哈赤发动了对明朝的新一轮攻击，和往常一样，他带领军队一路高奏凯歌，直到遇上他命中的克星——袁崇焕，明朝宁远城的将军。

这一年，袁崇焕四十三岁，他是读书人出身，颇具文才武略。当很多明朝将领见到努尔哈赤就竖白旗时，他却积极备战，誓死要保卫宁远城。

努尔哈赤还是老一套，先派人给袁崇焕送劝降信，劝他学聪明点，赶紧投降吧，这样大家都省事，但被袁崇焕严词拒绝。努尔哈赤立即下令猛攻宁远城，袁崇焕率领将士们顽强抵抗，多次打退后金军进攻，并使后金军伤亡惨重。努尔哈赤心想，这个白面书生还挺抗打。行！看来不给你来点厉害的，你还不知道老子的斤两！于是他派出一支挖墙专业队，冲到城墙根下，挥动铁铲钢钎就开始挖宁远城的墙脚。

庙堂真相

大清开国史从皇太极开始

1626年，后金大汗努尔哈赤去世，儿子皇太极继位。1636年，皇太极在盛京（沈阳）登基，正式建国“大清”，史称清太宗，追称老爸努尔哈赤为清太祖。不过，在1644年明朝灭亡、清军入关的前夕，皇太极去世，所以皇太极在位期间，清朝还只是局限在东北的一个新兴小国。

袁崇焕在城墙上一看，后金军正在挖墙脚呢，连忙命令大家往下扔石块和烧着的棉被。这下了不得，城下挖墙脚的后金士兵，不是被砸得脑袋开花，就是被烧成红烧肉。大家一看还挖啥，再不走，都得成烤猪。于是，大家扔下挖墙脚的工具，抱着脑袋就逃了回去。

努尔哈赤见挖墙脚不成，非常恼火，命令军队发起新一轮猛攻。看见后金军如潮水般涌来，袁崇焕连忙命令用红衣大炮（英国早期加农炮，在当时可是先进武器，不到关键时刻，袁崇焕一般不会用）向后金军开火。努尔哈赤以前尝过明军火炮的滋味，火力都很稀松平常，所以这次他也根本没放在眼里，自己带头就向明军的阵地冲去。

袁崇焕站在城楼上，用望远镜观察后金军。真是英雄识英雄，两人从来没打过照面，但袁崇焕一眼就认出了气度不凡的努尔哈赤。俗话说擒贼先擒王，打蛇打七寸，袁崇焕招呼着士兵们，都瞄准了那个老家伙，就用炮打他！别说，还真把努尔哈赤给击中了，老家伙从马上摔了下去，看样子，不死也得重伤了，明军心里那个乐呀。这会儿后金军队也不往前冲了，把受伤的努尔哈赤抬起

野史秘闻

三朝元老大忠臣

明朝兵部右侍郎金之俊，李自成打进北京时，他降李；清兵入关后，他降清。官越做越大，还做到了大学士。时人讽刺他：“从明从贼又从清，三朝元老大忠臣。”因为金之俊在各朝都能得到重视。他在清朝做官十八年，很多方针政策都出自他之手。包括一些限制政策，如满族人不许经商，王公不能私自离开京城，宫里的太监出宫要被杀头，等等。

来，回营地休整去了。

到底努尔哈赤伤势如何，还剩几口气，袁崇焕心里也没底，就想了个法子，派一个代表到后金营中，带上大包小包的礼物，说是“赔礼道歉”来了，要慰问慰问努尔哈赤。努尔哈赤正躺在床上，哎哟哎哟地喊疼呢，听说袁崇焕派人来道歉，他咬咬后槽牙，心里暗骂：“姓袁的，你还真能整事，想看我死没死，却说什么赔礼道歉。跟你说，老子活得好着呢！”于是，努尔哈赤一面让人跟使者说，自己去巡视军营了，叫他先喝点茶水等会儿，一面让人扶他起来，用布把伤口包上，换上军服，强忍疼痛端坐到大帐里。一切准备就绪后，军士把使者带到了努尔哈赤的大帐中。使者一进来，就对努尔哈赤进行了全方位、立体式的观察，然后他得出了一个结论，老努精神头很足。他心想，看来这老头没吃炮弹，可以写调查报告了。

但来了总得说两句，于是他向努尔哈赤作了个揖，说：“袁将军这次派我来，主要是向老将军赔礼道歉。昨天我军炮弹放得太多，砸死了不少你们的兄弟，袁将军很难过。再就是他想问问，老将军身体还好吧？”

野史秘闻

贪名哪有文名长

史学名著《十七史商榷》的作者王鸣盛，据传特别好财，早年他给人当家庭教师，每次进人家，必定做出双手怀抱的姿势，别人问他原因，王回答：“我是想把他家的财气都揽入自己的怀里。”后来他做了官，贪污受贿。有人问：“您的学问四海皆知，如此敛财，不怕后世名誉受到损害吗？”王面不改色地回答：“贪官的名声不过是一时嘲讽，我学问的名声可以永垂不朽，一百年后，贪官之名早没人记得，而我的著作文章，仍然存在。”

努尔哈赤笑了笑说："多谢袁将军的挂念，老夫身体很好，一餐饭解决一只羊，轻轻松松。"使者假装恭维地说："那就好！老将军一向勇猛威武，打遍辽东无敌手，这次败在袁将军手里，只是意外！只是意外！"努尔哈赤一听使者提"败"字，心里就来气了，但又不好发作，他只能装作若无其事的样子说："胜败都是兵家常事嘛，你回去告诉袁将军，老夫改天再跟他斗斗法。"

斗什么法？努尔哈赤只不过想忽悠一下小袁同志。第三天，后金军队就拔营撤回到大本营沈阳。回来后的努尔哈赤是越想越气，心想自己二十四岁时凭十三副铠甲起家，一生打了多少胜仗，这次却被个书生给打得落花流水，连自己也吃了个当头炮。这太伤面子了！

这年的七月中旬，憋屈的努尔哈赤身上长了毒疮，炮击的伤口也开始复发，病情是一天比一天重。熬到了八月十一，努尔哈赤就去了，终年六十八岁。

向历史借智慧

何必太逞强

在社会中，有些人就喜欢凡事都好强。你跟他唠会嗑，因为一个小问题，他非得和你争个脸红脖子粗不可。你跟他共同完成一件事，他非得和你比比谁的功劳大不可。这些朋友，何必呢？就像赵本山的小品说的，就算你能活一百年，最后还不是要进那个小盒嘛！想开点，在这个世界，谁也不可能是万能的。事事要强，只能得罪别人，苦了自己。

袁崇焕之死

崇祯元年（1628）七月十四日，已担任兵部部长兼右副都御史三个月的袁崇焕，受到崇祯皇帝召见。地点就在紫禁城内建极殿的右后门，此地又称为平台。两个人进行了一番对话，后人称这次谈话为“平台召对”。

崇祯皇帝满脸焦急地问道：“爱卿对辽东局势有何看法？”

袁崇焕立即回道：“如果您把辽东交给我打理，不出五年，辽东可回我大明。”

崇祯大喜：“若爱卿真能在五年内做到，你要什么朕就给你什么。”

如果我们知道当时的情况，就会明白，这两个人都在吹牛。崇祯给不了袁崇焕什么，因为大明天下快要倒掉了。袁崇焕更不可能收复辽东，别人不清楚辽东局势，难道与后金对峙了数年的他还不知道？

1626 年的宁锦大捷，不过是暂时稳住了山海关外明朝的军事

名臣风骨

领导先死

清朝宰相陈宏谟，从容大度，待人谦逊。尹继善是当时的首辅，陈宏谟向来都很推崇他。有一次，陈宏谟病得很严重，尹去看他，拉着陈的手说知心话：“我们这一辈老人，年纪都大了，也不知道谁会最先去世呢。”陈宏谟拱手说：“您老先请，我跟在中堂后面。”原来，陈平时说“领导先请”惯了，一时间不自觉就脱口而出“领导先死”了！

据点。努尔哈赤虽然死了，但他的军队还在，后金的军事压力依然存在，并随时都有可能再次进犯。在这样的情况下，明军只能守，根本就没有进攻的可能性。

袁崇焕跟崇祯说五年之内收复辽东，简直就像个疯子。崇祯也疯，他真就相信了。袁崇焕补充说，辽东战事已经打了四十多年，原本不容易了结，但皇上励精图治，做臣子的如何不尽力为之？所以，臣尽心竭力五年复辽。

崇祯依旧是崇拜地看着他。

袁崇焕觉得崇祯似乎还没有明白自己的话，就又说道："这五年之中须事事落实才行，第一是钱粮，第二是武器，户部兵部一定要悉心措置，以应臣手。"

崇祯立即命令在场的户部副部长王家祯："使出你们户部吃奶的力气来，把钱和粮食给我准备充分。"然后他又转向兵部副部长张维枢："把你们吃奶的力气都使出来，各种兵器一定要精良。"

交代完这些，崇祯又崇拜地看着袁崇焕。袁崇焕思考了一会，又说道："在五年之内，我不希望兵部和吏部给我的人是饭桶。"

崇祯皇帝马上让在场的吏部部长王永光和兵部部长王在晋使

庙堂真相

乾隆为袁崇焕平反

我们今天知道袁崇焕不是叛徒，多亏了清朝的乾隆皇帝。在此之前，袁崇焕一直被当成反面教材被人所知。1784 年，乾隆皇帝下诏为袁崇焕平反。乾隆皇帝说："袁崇焕督师当年主持辽东军政时，虽与俺们为难，但他是个不打折扣的明朝忠臣。可惜的是，他的老板太愚蠢太昏暗，自毁长城。袁崇焕是广东东莞人，现在是否还有后代，能否出来做官，要详细查明，汇报。"后来，乾隆真就找出了袁崇焕五世孙袁炳，并授予官职。

出吃奶的力气来，照办。

袁崇焕又思考了一会，说道："以臣之力制服辽东而有余，但调和朝廷众口则不足，嫉妒臣的人虽然不能把我的人怎么样，但能乱我心。我心一乱，如何工作？"

崇祯皇帝听到这里，站了起来，坚定地望着面前这位"五年复辽"的英雄，说道："朕自有主持，五年之内，卿尽管放心大胆地干吧！"

这个时候，袁崇焕对"五年"这两个字简直是讨厌极了，他顺口说道："臣的能力有限，还希望皇上能指示教训。"

崇祯皇帝比他的能力也大不到哪里去，况且，"五年复辽"这四个字早就在他心里扎根了，他觉得很好，太好了，自己再指示这样一个英雄，简直是天理不容。他说，不用了，你的奏折我已看过，五年复辽，很好。

是很好！但袁崇焕当时的感觉肯定很不好，他还要思考点什么要求出来。崇祯皇帝已经走近他，就像是把自己的脑袋交给他一样，郑重地说道："早平外寇，百姓有福，朕的后代也有福。真好。"

社会风情

有钱能把罪来赎

花钱赎罪在明清两代都普遍存在。清朝雍正时甚至出台了官方价格，户部和刑部奏请皇帝批准，颁布了不同身份的人赎买死罪的价格：三品以上的官是12000两，四品官的是5000两，五、六品官的是4000两，七品以下和进士、举人要2500两，贡生、监生则是2000两，普通人就只有1200两啦。

袁崇焕哽咽着跟崇祯说，皇上对百姓太好了，我若不尽力，我还是臣吗？

他可能不知道，这个时候的崇祯不但把他当成了大明的忠臣，还把他当成了主宰自己命运的神仙。他可能知道崇祯心急如焚，但他永远也不会知道这种如焚的程度有多高，它完全可以把整个大明帝国烧成灰烬。

朱由检很快就赐给袁崇焕尚方宝剑，让他全权负责辽东事务。

袁崇焕回到宁远，全军将士欢欣鼓舞，斗志昂扬。游击战猛将毛文龙因不听指挥，被袁崇焕用尚方宝剑取了性命。

这个世界上最恨袁崇焕的人，莫过于后金国继任者皇太极，他老爹努尔哈赤被袁崇焕的大炮炸伤，后来发病而死，他本人也多次败在袁崇焕手下。袁崇焕重回宁远，成了皇太极的一块心病。他想报仇，但又不敢与袁崇焕正面交锋。

1629年阴历十月，皇太极经过精心准备，率领十几万八旗金军，取道蒙古科尔沁草原奔龙井关（河北唐山）、大安口（河北遵化），扑向北京。

这一招确实让袁崇焕始料不及，他赶紧派兵过去堵截，但是

野史秘闻

一部《四书》有多少“子曰”

大学者毕沅在三秦当巡抚时，途经一个古庙，一个老和尚出来迎接。毕沅问他，你诵读过经书吗？老和尚回答，读过。毕接着问：“那你说说，一部《法华经》里有多少个‘阿弥陀佛’？”老和尚回答说：“老衲愚笨啊！不知道。大人您是状元，又是巡抚，那我问一下，您知道一部《四书》里面有多少个‘子曰’吗？”毕沅哑口无言。

皇太极处处躲避。袁崇焕急点了九千人马日夜兼程，不饮不食，终于赶在皇太极之前到达北京广渠门外，并立即与后金军展开战斗。

袁崇焕和将士们饿着肚子打退了后金军的进攻。为了严肃军纪，他下令决不可以抢夺老百姓的粮食。有一名士兵因为偷了一块面饼，被袁崇焕斩首。

城外的战斗异常激烈，而那些奸佞小人却只顾谗言陷害，说袁崇焕故意把金军引到北京，说他与金军有勾结。

朱由检也是个猜疑心强的皇帝，凡事宁信其有不信其无，任凭袁崇焕和将士们饥困疲乏，也不让他们进城休息。

皇太极把八旗军驻扎在皇城南面的南海子，并在这里抓获了两个给皇帝养马的太监：杨春和王成德。皇太极决定用反间计除掉袁崇焕。

皇太极派人把这两个太监看押起来。有一天夜里，两名看守坐在门外悄悄地议论："咱们今天临阵退兵，完全是皇上（皇太极）的意思。你知道吗？"

另一个说："你是怎么知道的？"

野史秘闻

明珠"高薪养廉"

康熙朝的大学士明珠，管理下人很有一套。明珠做了多年大学士（相当于宰相），门客家奴众多，但都不敢胡乱作恶。明珠的方法是，"高薪养廉"，广置产业，让奴仆们打理，给他们很高的薪水、奖金，但除此之外，不能有任何违法乱纪行为，谁要有不法行为，非杀即逐。幸而没被杀而被赶出明府的人，基本上就等于失业了，没人再愿收留他们，说："你在明府都混不下去，在别处还怎么混？"

那个看守说："刚才我看见皇上一个人骑着马奔明军大营去了，那边也有两个人骑马出来，跟皇上谈了好半天才走。听说那两个人是袁崇焕派来的，他们跟皇上已经约好了，用不了几天，就会把北京城拱手献出来啦。"

两个太监当了俘虏，哪能睡得香？他们把这些话都听到了，没多久就逃回北京城，向皇帝报信了。

朱由检丝毫没有考虑这两个太监如何长了翅膀从后金营里飞出来的，听了他们的话就信以为真，命人往城下放了一只大筐，召袁崇焕进城，说是商议发军饷的事。

几名部将觉得不对劲，袁崇焕堂堂守边大帅，兼兵部首长，为何不能从城门进入，而要坐在竹筐里用绳子吊上去？他们都认为这里面有诈。但袁崇焕眼看着将士们饥寒交困，皇帝要给发军饷怎能不去领？再说不管有什么情况，皇帝召见他也不能违抗，就上了筐。

袁崇焕刚到城头上，就看见朱由检在这里等着他。朱由检也不提军饷的事，劈头盖脸就问："袁崇焕，你为何擅杀大将毛文龙？为何金军围了北京城你却迟迟不来救援？"

野史秘闻

有时提拔也是一种打击报复

清时有知县得罪军机大臣，军机大臣一纸调令提拔他去四川任职，跨越半个中国，花费甚巨。到了四川，屁股还没坐热，军机大臣又将其调到云南，又是颠簸折腾花银子。到了云南，调令又来了，让他去关外。知县知道这是整自己，无奈之下吞金自杀了。

袁崇焕毫无准备，不知从何说起，朱由检也不容他分辩，下令把袁崇焕押入大牢。有个大臣深知袁崇焕忠心为国，不相信他会叛国投敌，就劝朱由检说："陛下要慎重考虑啊。"朱由检刚愎自用，不屑地说："慎重？慎重就误了大事！"那些奸党也趁机说袁崇焕的坏话。

崇祯三年（公元1630年）八月十六日，朱由检一意孤行，把袁崇焕判为凌迟处死，家人全部流放边关。在朱由检看来，这似乎还是很仁慈的判决。

向历史借智慧

需要英雄的时代是不幸的

法国浪漫派大作家雨果先生有一句名言："需要英雄的时代是不幸的！"真是一语惊人。其实想想，这句话真是深刻到极致的历史经验之谈。什么时代的人会渴望英雄的出现呢？当然就是乱世，这样的时代自然是不幸的。说到底，还是平平淡淡、安安稳稳最适合人们的生活，不需要英雄来改变命运、不需要救世主来拯救命运的时代是最好的。

皇太极收服洪承畴

公元1642年，在松山坚持半年之久的洪承畴，眼巴巴地盼望明朝派军队来解救他。可最后朝廷的军队没等到，他自己却成了大清的阶下囚。

抓了这样一个重量级的明军将领，皇太极很是兴奋。他心想：如果洪承畴能为我所用，那统一全中国，还不是小菜一碟？

为了使洪承畴投降，皇太极决定红脸、白脸一起唱。他一面是笑脸可掬、以礼相待，一面杀了几个坚决不投降的死硬派。可老洪根本不买这账，把脖子往皇太极的刀下一伸：老弟，你来吧！来成就哥的一世英名。不但如此，洪承畴还头也不梳、脸也不洗、饭也不吃，一副饿死殉国的气概。

洪承畴这么干，皇太极很着急，心想你饿死事小，坏了我的统一大业事大。我就不信，还治不了你。于是他派自己的智囊范文程去做老洪的思想工作。可去做思想工作的范文程，一走到洪承畴面前，反被老洪来了个先下手为强，把范文程骂了个狗血喷头。

野史秘闻

洪承畴受辱

洪承畴在明朝受到重用，是被一个叫郭都贤的人推荐的。明朝灭亡后，郭都贤隐居了起来，一天，洪承畴来拜访"恩人"郭都贤。郭都贤看他的时候，故意眯着眼睛，洪承畴很吃惊，说：您老什么时候眼神变得不好了？郭都贤回答说：自从认识了你，我眼睛就有病了！

可范文程很是淡定，你骂你的，我先养会神。等洪承畴骂累了，范文程就行动了。他也不提投降的事，就谈天说地，摆摆龙门阵。憋了好久没说话的洪承畴，这下可是中了范文程的圈套，说起话来比范文程还精神。

正当他们谈得手舞足蹈的时候，屋梁上突然掉下了一块泥巴，不偏不倚就砸在了洪承畴的身上。范文程就见洪承畴不停地用手去弹身上的泥土，范文程心想：行，你老洪终于露破绽了。我还跟你废什么话，走吧！于是范文程急忙告别了洪承畴，去向主子皇太极报告。

范文程胸有成竹地对皇太极说：

“皇上您放心，老洪那家伙死不了，他对自己身上的那身破衣服都那么爱护，稍微有点土就弹个不停，何况是头上吃饭的家伙。”

但范文程建议皇太极还是得加把火，给洪承畴更大的快乐刺激，以使洪承畴更留恋人世间的生活。

皇太极一想，英雄难过美人关，老洪应该也不例外。可派谁去呢？东北又不像江南，美女一抓一大把，把想得起来的女人数

名臣风骨

范文程这个人

范文程（1597—1666），自称是“大明骨，大清肉”，他本身是汉人，北宋名臣范仲淹的后代，祖上也曾在明朝为官。范文程年轻时就加入了后金政权，在努尔哈赤、皇太极、顺治、康熙四朝都服务过，是清朝的开国功臣、重要智囊，清初的很多政策他都参与了制定。

了个遍，也没想出个能上点台面的。正叹气呢，他突然转念一想，自己老婆庄妃不就是个一等一的美人嘛！皇太极一咬牙、一跺脚，舍不得美女套不着狼，于是，他的漂亮媳妇就领了这个“战斗任务”。

庄妃脸蛋漂亮，智商也不低，对于拿下洪承畴，她是自信满满。第二天一大早，她就提着一大碗人参汤，来看望洪承畴了。洪承畴见来了人，马上闭着眼睛，脸朝墙壁，在心里数天上有多少颗星星。

庄妃一看，心想：你就装吧！我就不信男人还有不吃腥的。她微微一笑，来到洪承畴面前，娇滴滴地说：“洪将军，你对老朱家如此忠心，实在叫妹子佩服哦。看到你不吃不喝，我都伤心死了。就算你要以身殉国，那临死前总得喝口水吧。来！喝口妹子亲自为你熬好的人参汤。”

听着这让人酥到骨头里的娇音，闻着那扑鼻的香味，饥肠辘辘的洪承畴实在是受不了了。他便喝下了庄妃送过来的第一口汤，人参汤的滋味好啊！喝了第一口的洪承畴，又急不可耐地喝了几口。这次洪承畴虽没表态要投降，但庄妃的那几口汤动了他的心。

心动的洪承畴离投降只有一步之遥。第二天，皇太极决定亲

野史秘闻

色字头上一把刀

清朝第一位状元吕长音，常州人，长得丰神俊朗，当官后常被孝庄皇太后召入宫中议事。时间久了，吕长音觉得不太对劲，皇太后不但对自己奖勉有加，好像还有些别的意思。跟皇太后闹桃色事件可是要灭九族的，吕越想越怕，最后称病回家，从此再不出仕。这位孝庄皇太后便是曾经的“庄妃”。

自上阵。他跟他老婆做思想工作的风格可截然不同，一上来就把自己穿的貂皮大衣披在了洪承畴的身上，亲切地说："老洪啊！东北现在天气冷，可别冻坏了身子骨。"这句话使洪承畴的心理防线彻底崩溃了，这时的他，除了感动还是感动。他立即跪下，激动地说："皇太极老弟！从此以后我就跟定你了。"

至此，以前打得你死我活的皇太极、洪承畴两人，站到了一个队伍里。

向历史借智慧

过得了火焰山，挡不住糖衣炮弹

润物细无声，糖衣炮弹最是消磨人。一个人最难的，其实不是在艰苦的岁月里咬牙过日子，而是在富贵安逸的环境中经得起诱惑。现代都市中，很多男人，在他一无所有的时候能爱着老婆、疼着小孩，所有的辛酸都一个人扛；可是一旦飞黄腾达，就有点找不着北，不顾家庭了。

多尔衮立福临

公元 1643 年，在沈阳宫殿的座椅上，征战一生的皇太极突然离开了这个世界。可由于他生前没有指定接班人，谁来继承大清的皇帝宝座，就成了一个难题。

当时满洲八旗中，两黄旗（正黄、镶黄）和两白旗（正白、镶白）最有实力。两黄旗的老大是皇太极的长子豪格，两白旗的带头大哥是多尔衮。两黄旗的人支持豪格，而两白旗的人力挺多尔衮。

为了达成一致意见，满洲的贵族们专门召开了一个闭门会议。会议还没开始多久，坐在下面的两黄旗的实力派——索尼和鳌拜就站了出来，他们斩钉截铁地说：“我们坚决拥护皇长子豪格做皇帝。”坐在主席台上的多尔衮一听，心想：我们这些坐在上面的大佬还没发话呢！你们俩猴急什么！于是他极不耐烦地对索尼和鳌拜说：“出去！出去！这里没有你们说话的分儿。”然后，嘴快的两人被请了出去。

索尼、鳌拜俩人前脚刚迈出大门，两白旗的二号人物、多尔

庙堂真相

1644 年的中国形势

就在皇太极建清的 1636 年，李自成接过农民起义军的旗帜，称闯王，并于 1644 年三月攻陷北京，崇祯皇帝自杀，李自成称帝。不久，明朝将领吴三桂打开山海关的大门，引清军入关，占领北京。五月，南明小朝廷在南京建立。八月，顺治帝迁都北京，清朝历史掀开了新的一页。

衮同母的弟弟多铎就嚷起来了。他理直气壮地说："要立就立我的哥哥多尔衮，你们谁有他的功劳大？"他这话算是说到了他哥哥的心坎上，多尔衮内心一阵狂喜，正准备说点呼应他弟弟的话。但多铎不说这话还好，他一说这话，下面是炸开了锅，特别是两黄旗的人，反对得最起劲。多尔衮看到这个局面，知道自己要是硬往皇帝宝座上坐，只能让人心散了，那样的话队伍肯定不好带，说不定又将闹得四分五裂。这样一想，他就沉默了下来。

多尔衮一沉默，他那急性子的弟弟可耐不住了，多铎大声说："哥，你不当，那我可要上了，当年父亲的遗书里面可提到了我。"多尔衮见他弟弟这么说，心想：老弟，你就歇歇吧！大家连我都不同意，就你还有戏？所以就没理他弟弟的茬。多铎看他老哥的脸色，知道自己没戏了。

于是，多铎又做起了好人："我没资格，那大哥代善总有资格吧！"此时老大代善年纪已大，而且他为人忠厚朴实，知道自己挑不起这副重担，就连忙说："我老了，担不起这个大任，我看还是立大侄子豪格吧！"豪格一听大伯这话，内心那是相当的高兴，但还是假模假样地谦虚了一下说："大伯和叔叔们都不敢当，

社会风情

四类人不杀

清军攻下辽东一带后，大肆杀戮难民，但规定有四类人不杀：一类是皮匠，能做好鞋的不杀；一类是木匠，会做家具的不杀；一类是裁缝，会做衣服帽子的不杀；还有一类就是戏子，会唱曲唱戏的不杀。被杀的人中，以秀才居多。因为清人认为，秀才不事生产，又爱说三道四。据说有一个秀才被抓起来要杀头时，急中生智，声称自己会唱戏，一试，果然唱得还不错，因而逃过一劫，日后还做到地方大员。可见人一定要多才多艺呀，多一项特长就可能多一个机遇、多一次活命的机会。

小侄我无才又无德，怎么能担此大任？”

豪格一作态，两白旗的人可逮着机会了，特别是多尔衮，他赶忙表扬说：“还是豪格侄子高风亮节啊！那我们索性成全他的美德，就不再考虑他了。”本来挺有希望的豪格，这下算是栽了！可刚说过的话，又不能立即反悔，想到这里，他恨不得一头撞死算了！心里不禁骂道：多尔衮，你真是一个彻头彻尾的小人！

见大家僵持不下，一直没说话的济尔哈朗开口了。济尔哈朗是努尔哈赤的侄子，一向宽厚谨慎，也有功劳威望。他沉稳地说：“既然大家对已经提出的几位都达不成一致意见，那不如就立皇九子福临吧。他既是先皇的儿子，也有蒙古贵族的血统，我觉得最合适。”

知道自己当不成皇帝，又对福临母子“颇有好感”的多尔衮见势就说：“我赞成济尔哈朗哥的提议，现在就小福临最合适。但考虑到他还小，就由我和济尔哈朗来辅佐吧。”

就这样六岁的小福临“被皇帝”，史称顺治，实际的权力掌握在叔叔多尔衮的手上。

向历史借智慧

弱小有时候也是一种强大

大家都知道，水是这个世界上最柔的东西。可抽刀断水水更流，滴水也能穿石。大海发怒时的力量，更是让人不寒而栗。水是如此，人也一样。一个人如果太过强大，就会让他身边的人感到自己渺小，嫉妒和排挤随之就会来。一个不起眼和弱小的人，由于他不会给人压迫感，大家反而会友善地待他，说不定哪天他就会混出头。

剃发令

公元1644年，顺治皇帝把家从沈阳挪到了北京，从此大清成为中国唯一合法的政府。

刚开始上朝的时候，文武官员站班排位是这样的：一边是留着辫子、穿着马褂的满族官员，一边是束发冠带、宽袍大袖的汉族官员。这倒有点满汉一家亲的意思。

这样的局面持续了二十多年，满汉官员之间倒也相安无事。但一个超级马屁精的出现改变了这种现状。

有一次上早朝，当满汉官员都按老习惯站入自己队伍的时候，有个从明朝过来的汉族官员孙之獬，却硬要往满族官员堆里挤，理由就是他已留了辫子、穿了马褂。但他被满族官员赶了出来，理由是：你以为换一个马甲，我们就不认识你了？这马屁精没办法，只好折回到汉人队伍里来，但他这样的马屁精，汉族官员们也不接受，故意把队伍挤得跟铜墙铁壁一样，就是不让他站进来。这下，两边都没落着好，这马屁算是拍偏了。

社会风情

习惯的力量是巨大的

1645年，清政府颁布剃发令，以"留头不留发，留发不留头"为国策，保留脑袋，或者保留明朝的发型，只能二选一，但很多老百姓仍然选择了留头发，因而掉了脑袋。后来到了辛亥革命时，人们习惯了清朝的发型，很多老百姓又为了留住头上的辫子，结果掉了脑袋。习惯的力量真是可怕啊。

孙之獬回到家后，越想越觉得窝心恼火。丢脸丢到这个份儿上，不如将丢脸进行到底。于是他给顺治皇帝打了这么一道报告：

“皇上，您老人家统一了全中国，什么事都应该来点新的嘛。现在汉人的穿衣打扮还是那老一套，这不是跟您老人家唱反调吗？这样下去，您还叫君临天下吗？”

这报告年幼的皇帝看不着，其实还是得摄政王多尔衮过目。多尔衮一看，有道理，就这么办！于是下了一道“留头不留发，留发不留头”的“剃发令”。

穿惯了汉服的老百姓对这个命令非常反感，孔子的后人孔文就是其中之一。孔文写折子给朝廷说：

“礼仪最重要的就是穿衣打扮。从汉朝到明朝，国家的制度虽总在变化，但我老孔家的礼仪规矩三千年来却一直保持着。剃了老孔家男人的头发，就怕天下的人说您老人家不尊重儒道。”

多尔衮一看，心想：这位仁兄也不想想，你们国家都灭了，还给自己一族申请吃独食，行得通吗？他马上把孔文叫了过来，训斥了一顿：你不是说你是孔圣人的后代吗？我们就来谈谈你老祖宗说的话，你老祖宗不是说君主就像父亲、老百姓就像儿子吗，

野史秘闻

将军巧治清兵

清初时治安很不好，清兵在杭州城里胡作非为。比如遇到妇女坐的轿子经过，就故意把轿子拦下来说要检查，掀开轿帘，对女性动手动脚。杭州人都很害怕这些兵。这事被一位将军知道了，这天，将军避开随从，找了一顶轿子自己坐进去，让轿夫抬着在大街上走。不一会儿，轿子被拦了下来，一群清兵吆喝着掀起帘子来检查，一看坐的是将军，赶紧下跪。将军严厉地处理了这些兵，从此以后，清兵的行为就收敛了许多。

儿子难道不应该跟父亲保持一致吗?

这可真是流氓不可怕，就怕流氓有文化！遇到这么有文化的训斥，孔文没话说了，哑口无言。最后这位孔子的后人官也丢了。

孔文那番书呆子的话被多尔衮驳倒以后，多尔衮还真以为自己找到了真理，更加起劲地推行剃发令。

从此，全国各地的大街上都是这么一番景象：街上走着三四个头戴红缨帽的八旗士兵，其中一个肩挑剃头担，手握剃头刀，其余两三个手握鬼头刀。乖乖剃头的，享受热情周到的服务；坚决不剃的，鬼头刀伺候。

清政府的残暴行径，引起了全国各地前明官员和老百姓的强烈反抗。

那时南明的高官左懋第，正被大清扣押在北京的太医院，他有一个随从官员怕死，清政府一恐吓，他马上就把自己的头发给剪了，留起了大辫子。左懋第一看，气得头顶冒烟，立即把这个见风使舵的家伙给乱棍打死。

多尔衮听说后，对左懋第这种抬杠行为非常恼火，人家服从组织命令关你屁事！于是多尔衮就派他在清政府做官的弟弟去责

庙堂真相

满称奴才汉称臣

清时，满大臣，包括王公贵族等，对皇帝自称奴才而不称臣。汉大臣则不论官秩怎样高，对于皇帝只称臣而不许自称奴才。这虽没有写入《大清律》，但却是官场的潜规则，必须遵守。

备他。他弟弟刚叫一声大哥，左懋第就愤怒地大声骂道：

“谁是你哥？我们老左家没有你这样的叛徒！”

他弟弟见势不妙，赶忙逃了出去，回去后把情况向多尔衮一汇报，多尔衮更加恼恨，决定亲自提审。

左懋第一到跟前，多尔衮就严厉责问道：“你为什么不剃头？”左懋第的回答很爷们儿，他大声地说：“想杀我随便，想让我剃发没门。”最后左懋第被残忍地杀害了。因为剃发令，山东爆发了谢迁领导的农民起义。

也许是上天有眼，剃发令的挑起者孙之獬此时正好在山东淄川的老家休养，农民起义军攻入淄川后捉住了他，最后把他给千刀万剐了，这个叛徒、马屁精得到了应有的下场。

江南一带的反抗更是激烈，各地义兵是此起彼伏。为了剃发这个事，清兵是损兵折将，许多江南的老百姓也为此牺牲了自己的性命。

向历史借智慧

强扭不如顺其自然

人的天性里都有抗拒强迫的一面，最好的做事方式是，与其强迫，不如顺其自然、因势利导。也许达成的目标最后是完全一样的，但方式不同，达成目标的难易程度会相差很大。俗话说得好，强扭的瓜不甜，所以强扭瓜之前，咱还是先看看瓜熟没熟，如果强扭，可能会很苦！

血染桃花扇

明朝末年，南京的秦淮河畔有四大名妓，其中有一个就是李香君。刚满十六岁的李香君，在一次酒宴上爱上了一个极品男子。这名男子也喜欢她。

这名男子名叫侯方域，河南人，父亲曾经做过崇祯时期的户部尚书。这家伙，论外貌是英俊潇洒，论文化是才高八斗，而且还有点男儿血性，参加了当时的爱国组织“复社”（复社由东林党演变而来）。

对于这么一个优秀的男人，香君姑娘下定决心要嫁给他。可要从良，那费用少不了。于是，李香君就叫侯方域想想办法。可这时的侯大公子也是吃了上顿没下顿，身上一文钱没有，因为这时的侯家出于各种原因，已经败落了下来。

在这紧急关头，侯方域复社的一个兄弟给他送来了赎身费。侯方域问那个哥们儿，兄弟！这钱是哪儿来的？我知道你也不宽裕！那人沉默了一会说，侯兄！既然你问了，我也就不瞒你，这

庙堂真相

两个农民政权的覆灭

1644 年，大顺政权皇帝李自成退出北京，一路西逃。1645 年，清军攻入湖北，败退在此的李自成在九宫山自杀而死。1644 年十一月，另一支农民军首领张献忠在成都称帝，建立大西政权；1646 年底，张献忠在四川与清军遭遇，被杀。至此，明末轰轰烈烈的农民起义运动尘埃落定。

钱是阮大胡子（阮大铖，明末的奸臣，与当时的“复社”势不两立）的，他想和你交个朋友！

侯方域说，我跟他根本就不是一路人，他为什么要给我钱！其中肯定有猫腻！来人说，大哥，你就别再说那样的话了，现在大家共同的敌人是满族人，以前的恩怨就让它过去吧！再说看看你现在的处境，硬气得起来吗？听完这话，侯方域哑口无言，只能默默地接下这笔钱。

侯方域用了人家这么一大笔钱，就想找个时间去登门道谢。一听自己男人的想法，一向温柔的李香君火了，她杏眼圆睁地说：“不就是几个臭钱吗！还给他就是了，何必去拜访他，弄脏了自己！”

侯方域一听脑袋都大了，心想，我的大姑奶奶，说得轻松，这么多钱哪儿弄去！于是他说：“我现在的处境，你又不是不知道。还是低一下头吧！”

李香君大声说：“低什么头！这大明朝的天下，就是被你们这帮软骨头的男人给毁了！你没钱，我来想办法。”

于是，李香君把自己仅有的一点首饰给当了，再加上向姐妹

庙堂真相

南明小朝廷

崇祯皇帝之死，标志着明朝的灭亡，但散落在各地的军事力量，仍在寻求恢复明朝的机会。1644年五月，在南方军事力量的扶持下，明朝福王朱由崧在南京登基，建立了一个小朝廷，史称南明弘光政权。南明朝廷认为，最大的敌人是农民军，于是要求和清军联合，共同追杀农民军。第二年，清军南下，南京沦陷，弘光政权垮台。接下来全国又先后出现了隆武政权、鲁王监国、绍武政权、永历政权。1662年，吴三桂处决永历帝，南明朝廷结束，共历时18年。

们东凑西借的钱，最后算是还了这份人情债。

但伤了面子的阮大胡子，可咽不下这口气。他马上污蔑说，侯方域是满族人的奸细，并且派人捉拿他。侯方域没办法，只好逃了出去。走的时候，他给李香君留下了一把白折扇。

可侯方域这一走，直到清政府统一中国，李香君也没有得到他的音讯。天天望、夜夜盼的李香君，为了表达对爱人的思念，竟然用自己的鲜血，在白折扇上画了一幅桃花。从此以后，就叫这扇子为桃花扇。

功夫不负有心人，守了几年，侯方域终于回来了，可是模样有了很大的改变。因为他不但脑后拖了一根长长的发辫，神态也是一副奴才样。看见自己的男人变成了这样，李香君有点失望，有点落寞。当侯方域告诉她，自己已经参加了清朝的科举考试，并取得功名时，李香君的心都碎了，当即一口鲜血就喷了出来，溅在桃花扇上。侯方域连忙上前去扶她，但被李香君用力推开了。

彻底失望的李香君，来到了屋后的山崖边。望着远处那青翠的群山，李香君大喊一声："老天爷呀！我错看了人啊！把一个软骨头当成了大丈夫，这不可笑吗？"说完，把自己手中的桃花

野史秘闻

家奴的骄傲

南明弘光年间，阮大铖当权，高级官员李清出门拜访客人，经过阮大铖家门口，问看门的："你家主人在家吗？"看门的冷笑："要是主人在，车马早就塞道了，怎么会这么冷清！"

扇撕成了碎片。站在没多远地方的侯方域立即羞得满脸通红。最后，她使尽全身的力气喊了一声："故国，我来陪你了！"就纵身跳下了山崖。

可能是受到了李香君的感染，侯方域最后出家当了和尚。

向历史借智慧

看人，别总用一种眼光

在日常的生活中，有些人看人总喜欢表面化，用一种眼光。如认为农民就是粗俗浅薄、刁蛮难缠，其实看起来人模狗样的人，素质低的多了去了。如认为有钱人家的孩子就是不学无术、吃喝玩乐，其实穷人家的孩子，整天无所事事、胡作非为的也多了去了。所以，看人看事物，多一种眼光，只有那样你才能看见不一样的景致。

又是一件鞭尸案

多尔衮的一生，为大清立下了无数的汗马功劳，最大的一桩，当是接受“倒儿爷”吴三桂的请求，率清军入关，击败李自成的农民军，占领北京，并马上把小侄儿顺治接了过来。他的这次行动确立了大清在中原的统治地位，实现了努尔哈赤和皇太极一生未了的心愿。

然而令人遗憾的是，多尔衮虽然功劳大得不得了，却是个短命鬼。公元1650年的冬天，多尔衮去塞外打猎，不幸病死，年仅三十九岁。

多尔衮的棺材刚刚运到北京的时候，侄子顺治皇帝亲自跑到东直门五里外跪着去迎接。一看到叔叔的棺材，小皇帝顺治是哭得死去活来，还行了三跪九叩大礼，并用嘶哑的声音念着悼词：“过去我爹死的时候，大家都拥护我的叔叔多尔衮做皇帝，但我叔叔厚道啊！硬是大公无私地把皇位给了我。到了北京后，叔叔又四处征讨，为我打下了这片锦绣的河山，叔叔的功劳，从古到今谁

社会风情

满汉分居

顺治皇帝规定：为了维护满人的优越感，所有满人不许经商、务农，吃的、用的都从汉人上缴的粮食税负中来；满人和汉人不许在一起居住，不能通婚。这个建议，据说是洪承畴提出来的，因为这样一来，汉人就可以安心地做生意或者种地，不用受满人的排挤和欺侮。这个政策的后果之一就是八旗子弟的生存能力直线下降，吃喝玩乐样样精通，就是没有谋生的技能。这可真是《红楼梦》里说的“机关算尽太聪明，反误了卿卿性命”呀。

能比得过？现在叔叔不幸死了，我的心很痛很痛。我决定要用皇帝的规格来打理叔叔的后事。”不久，他就追尊多尔衮为“义皇帝”，葬礼也是向皇帝的规格看齐。

但多尔衮家属的荣耀与高兴还没持续三个月，暴风雨就来了。

公元 1651 年，有人打报告说，多尔衮活着的时候经常在家偷偷穿龙袍，过皇帝瘾。其他的大臣马上附和说，多尔衮在世时候肯定有谋反的心思。刚刚握有实权的少年顺治一听，二话没说，将多尔衮从皇帝一撸到底变成了老百姓，还开除了多尔衮爱新觉罗的户籍，并将多尔衮的女儿赏给多尔衮的亲侄子做奴仆，多尔衮的养子也被赶回了自己家，这摆明是要他叔叔成绝户嘛！

更可怕的是，小皇帝命令把叔叔多尔衮的坟给挖了。坟挖开后，多尔衮的尸体被拖了出来，第一道程序是用棍子使劲打，第二道程序是用鞭子狠狠抽，最后一道程序是砍掉脑袋、暴尸大街。鞭尸其实不是顺治的发明，早在春秋时期，伍子胥就对楚平王干过这事，只不过程序比顺治少了一两道。

多尔衮刚死的时候，顺治那么哀痛恭敬，可还没过三个月就挖坟鞭尸，这孩子该不是得了精神分裂症吧？至于顺治是不是有

庙堂真相

清宫谜案之孝庄下嫁

清初历史有三大谜案，即孝庄下嫁、顺治出家、雍正即位。三大案中又以孝庄下嫁争议最多。据说当年皇太极去世时，大清政权内部争斗得很厉害，最后却推出一个还不懂事的小孩子福临（顺治）来做一把手，很是蹊跷。有人说是福临的母亲孝庄与小叔子多尔衮进行了一场权色交易，目的是换取多尔衮的支持。清军入关后，据传孝庄和多尔衮还正式举行过婚礼，顺治并封多尔衮为“皇父摄政王”。这就是孝庄下嫁案。历史上对这件事的真假一直有争议。

精神问题，请看下面的故事。

1647年，顺治的大哥豪格拿下了四川。为了表彰豪格的功劳，大清国的实际大当家多尔衮，特意在郊外摆下酒宴，迎接胜利归来的豪格。得意忘形的豪格也没多想，端起酒就喝，小叔叔多尔衮（多尔衮虽然是豪格的叔叔，其实年龄比豪格小）在旁边也是不停地劝酒。当豪格喝得有点找不着北时，突然多尔衮大喝一声："大胆豪格，你知道你犯了什么罪吗？"豪格一听小叔叔这话，酒醒了一半，但舌头依然不好使，他咕嘟着嘴说："我——我平定了四川，有什么——什么罪？"

多尔衮哼了一声，说："有什么罪？让部下在军功上弄虚作假，使用犯了罪的人，这不都是你干的吗？"说完后，不等豪格辩解，他就拍拍手掌，上来几个手下，三下五除二就把豪格抓了起来，下了大狱。

豪格进了大牢后，多尔衮一心要杀死他。看着自己的同胞大哥要死，小皇帝顺治坐不住了，他哭着说："叔叔，放了大哥吧！看在死去的我爹的面上和我的面上，你就放了他吧！"但多尔衮心想，你都是我的棋子，还给你哥求情，小屁孩你就省省吧！这

社会风情

用乞丐发缉捕文书

清朝时，河南州县设有一些海捕。海捕是由一些乞丐组成，政府要是发缉捕文书，不用衙役去发，直接交给海捕就行。海捕拿着官府的缉捕文书，三五成群，每户每家地发放。到了店铺前，他们就烧一炷香，店老板就会给他们十文或者八文钱。海捕和平常的乞丐不同，平常的乞丐要的是食物，而海捕要的是钱财。这些人每年年末，都会把得到的钱一部分交给官员，这也是官员敛财的一种手段。

个除掉敌人的大好机会，我是不会放过的！所以根本没搭理小顺治。后来顺治又以不吃饭逼多尔衮放豪格一马，但都没见效，最终豪格被多尔衮杀死在狱中，而且豪格的大老婆（福晋）也被多尔衮给收编了。大哥的死，令少年顺治对叔叔多尔衮埋下了第一个恨。

后来宫中又有谣言说，多尔衮之所以对顺治娘儿俩那么好，是因为多尔衮和顺治他妈孝庄太后有一腿。已经过了十岁的小皇帝，知道其中的意思，所以以后见着他叔，他都尽量溜边走。这件事给少年顺治敏感的心埋下了第二个恨。

再加上多尔衮本人也不是什么低调的主，虽没抢小侄子饭碗的意思，但平时做事不免骄横霸道，没把小皇帝放在眼里。后来顺治回忆说："我叔掌权的时候，我只不过是个拜拜神、祭祭祖的木偶，国家大事全由他一人说了算。"

这一切的仇恨与压抑，都累积在少年顺治的心里，迟早会爆发出来。活着的多尔衮，顺治奈何不了，但死了的多尔衮就得承受顺治一切的怒火。所以发生了鞭尸的悲剧。

向历史借智慧

心理健康很重要

顺治鞭尸的故事告诉我们，心理压抑久了就会出毛病，心理健康很重要啊！现代都市的生活，节奏快、竞争激烈，所以很多人为了身体健康，就办这个健康卡、买那个保健药什么的。但他们忽视了一个最重要的事情，那就是心灵的健康。其实工业化、现代化给人类带来的最大问题，不是肉体上的疲惫，而是精神上的压抑。如果这种精神问题不能很好地加以解决，出问题是早晚的事。

顺治之死

公元1657年，顺治皇帝和董鄂妃的爱情结晶出世了。因为爱母亲，所以爱儿子，顺治帝对这个新生小宝宝宠爱若狂，公开宣称“此乃朕第一子”，大有只爱这一个女人、只爱这一个儿子的意思。但不幸的是，三个月后，小皇子夭折。命运多舛对皇帝和普通百姓的打击是一样的，顺治和董鄂妃都伤痛欲绝。1660年，中秋节刚过完没几天，一向身体虚弱的董鄂妃终于承受不了这种丧子之痛，病死了。死去的董鄂妃永远没有了痛苦的感觉，而最爱她的皇帝顺治，却每日都在饱受煎熬。

正在北京西山为爱妃祈福的顺治一回到家，母亲孝庄太后就把噩耗告诉了他。顺治一听，马上就晕倒在地了。失去爱人的顺治，觉得再活在这个世上已没有多大意思，他一个才二十出头的小伙子、中华大当家竟学起了小女人的勾当，醒来后是不顾一切地要寻死觅活。

他先是拿刀要往自己的脖子上抹，但被身边的太监一把就给

社会风情

金圣叹之死

1661年，顺治之死在遥远的苏州引发了一场不大不小的“地震”，中国文学史上的一朵奇葩金圣叹竟因此丢了性命。苏州府吴县新来了一位县令，官风不好，既贪污腐败，又重典治民，因此惹恼了一方百姓。这天，苏州大设灵堂哭祭顺治帝，金圣叹等一百多名秀才去了孔庙哭庙，同时发泄对新县令的不满，要求罢免县令。这件事的后果很严重，金圣叹等被以冲击官府，惊吓了先帝在天之灵为由，处以死刑。

夺下。接着他又像一头痛苦的野兽，低声咆哮着，一头向墙上撞去，又被太监们给截住了。接下来的两天，先是太医院给他开了两服凉药，降降他的心火。后来老妈又给他做了长时间的思想工作，车轱辘来车轱辘去的无非是些“舍得”“放下”“春天还会来”之类的话。经过大家这么一番共同努力，这个君临天下的满族小伙子终于平静了下来，懂得了死是容易的，活着才是艰难的。

年轻的顺治自杀不成，不能赶赴黄泉路陪一程心爱的人，于是就拼命地为死去的爱妃争取身后的荣誉。为了表示哀痛和尊崇，他自己准了自己五天假，并提出要按皇后的规格来安葬董鄂妃。可按老规矩来说，正式的皇后还在位上呢，事情不能这么办。皇后倒是挺贤惠，很识趣，提出自己可以马上空出皇后的位子。可顺治他妈孝庄太后坚决不同意。一看这种情况，顺治又玩起老把戏，拿起随身携带的宝刀又要抹脖子，太后没有办法，只好同意。

为了使心爱女人的葬礼搞得风风光光，顺治真的是豁出去了。其实这时候，年轻的顺治已有痨病（就是现在的肺结核）在身，身体很是虚弱，禁不起折腾。可为了向死去的女人表达自己的爱意，办好葬礼，他是煞费苦心。

野史秘闻

董鄂妃

正史记载，董鄂妃去世时年仅二十一岁，人神共悲，顺治皇帝更是因为伤心过度而去世。在顺治亲撰的《端敬皇后行状》一书中，我们可以知道这是一位国色天香、聪明贤惠、集世间女子优点于一身的绝世好女人。董鄂妃的身世之谜，有三种说法：一种说她是内大臣鄂硕之女；一种说她其实是汉族女子，而且是南京秦淮河上曾经的头牌名妓董小宛；还有一种说她本是襄亲王的老婆，被顺治看上了，两人迅速陷入爱河，襄亲王并因此致死。

他命令，董鄂妃出殡的时候，四品以上的高官和公主、王妃必须参加送葬；从江南和五台山请来得道的高僧为董鄂妃超度亡魂；董鄂妃死去的第一年内，朝廷给官员报告的批复只能用蓝色笔（本来是用朱笔）；全国各地，当官的孝衣要穿一个月，平民百姓孝衣也得穿三天，真是举国好一片白茫茫的世界；安排全国最好的作家为董鄂妃的“光辉事迹”撰写传记，编辑整理董鄂妃语录；最出人意料的是，一向品行还算端正的青年顺治，竟然把承乾宫为董鄂妃服务过的三十多个太监和宫女给杀了，让他们去给自己心爱的女人殉葬。

这次葬礼是满族人入关以来最隆重的一次。

董鄂妃的葬礼完事后，帝国的皇帝顺治该正常工作了吧，事情没那么简单。多情的顺治又说自己已看破红尘，要出家当和尚。他以前就有过要当和尚的记录，但没当成，只逼着大和尚给自己取了个法号“行痴”。

这天，顺治找了位住持和尚来，硬逼着他给自己剃度，铁了心要把自己“准和尚”的身份转正。大臣们和太后是左劝劝、右哄哄，可像犟驴一样的顺治死活就是不松口，命令和尚赶快动手。可在

野史秘闻

钱财自是多多益善

顺治时期官员罗森从知县一直升到巡抚，所过之处，贪名永留。他的贪污受贿程度甚至让家人都胆战心惊。儿子劝他：“您的地位已很高，年纪又大，咱家也不缺钱，不要这么贪了！”罗森认真地听完儿子的话，然后说：“你这是怎么了？钱财这玩意，多多益善，这个道理都不懂！”

太后和大臣们的眼皮子底下，和尚哪敢动手。就在难分难解的时候，和尚的师父老和尚来了，老和尚对徒弟说，你敢动皇帝一根毫毛，我就烧死你。这下和尚没被吓住，倒把顺治给唬住了。他心想：总不能自己出了家，而和尚却升了天吧！于是他只好让服侍自己的一个太监作为替身，代替自己出了家。

这样闹来闹去，“病秧子”顺治算是把自己往鬼门关又推了一步。本来他在冬春交替的季节应该去南苑避天花病的，可由于董鄂妃的葬礼和当和尚事件的发生，这年没去成。

待到来年的正月，顺治就得了当时的不治之症——天花。那时恰好正在过春节，可朝廷却发了“三不通知”：不能炒豆子（“豆”通“痘”，得了天花会出痘），不能点灯笼，不能乱泼水。这都是当时得天花的一些禁忌。朝廷并宣布大赦天下。可这一切都没能阻止阎王爷的索命令箭。正月初七的深夜，年轻的皇帝在指定了儿子康熙为自己的接班人，留下了几句遗言后，溘然长逝，走完了他短暂而又悲情的一生，年仅二十四岁。

向历史借智慧

西红柿最好炒鸡蛋

一国之主为情而死，或者闹着要四大皆空去出家，按当时的社会标准来看，这无疑是走火入魔后的不务正业。所以说，什么东西该跟什么搭配，什么样的人该做什么样的事，最好按规律办事。

人只有放在最合适的位子，才能挖掘他的才能、激发他的热情。也只有这样，事情才能做得漂亮。

郑成功收复台湾

自古以来，台湾就是中国的领土。明朝末年，欧洲的荷兰人趁明王朝腐败无能，霸占了台湾的海岸，修建城堡，向台湾人民征收苛捐杂税。台湾人民不断反抗，但遭到了荷兰侵略军的残酷镇压。

郑成功少年时期，就跟随父亲到过台湾，亲眼看到过台湾人民遭受的苦难，心里早就想收复台湾。但外患未平，内忧又起，这个时候，清政府和明政府的决战也渐见分晓，大局已定，郑成功组织了一支抗清的军队，在福建一带继续为死去的明王朝上着班、干着活。

公元 1661 年，积极抗清的郑成功在厦门遇到了很大的困难。这个时候，清军已经基本上占领了福建和广东，对于郑成功所在的厦门实行了严格的封锁。招不到兵、筹不到粮的郑成功只好盘算着向台湾发展。于是，他下决心要赶走荷兰侵略者，做一件两全其美的事。

庙堂真相

郑成功在台湾

郑成功因被南明小朝廷皇帝赐姓朱，所以又称国姓爷。郑成功一直在福建、江苏一带抗清，1662 年，收复台湾，奉明朝为正朔，在台湾建立汉人政权。同年，郑成功病死。1683 年，原郑成功手下将领、后来投降清朝的施琅，带兵攻克台湾，郑成功的孙子出降，台湾纳入清朝的版图。

说什么就来什么。这时候，有一个在荷兰军队里当过翻译的人，赶到厦门来见郑成功。他说，台湾人民受荷兰鬼子的欺侮压迫，早就想反抗了。只要大军一到，台湾人民肯定积极响应。临走之前，他还送给郑成功一张台湾地图，并把荷兰鬼子的军事布置也告诉了郑成功。

有了这个可靠的情报，郑成功拿下台湾的信心就更足了。

没过多久，郑成功留下他的儿子带领一部分军队守卫厦门，自己亲自率领二万五千人马，驾着几百艘战船，浩浩荡荡杀向台湾岛。在前进的途中，有些手下听说西洋鬼子的大炮火力很猛，就有点害怕，想打退堂鼓。郑成功看到这种情况，果断地把自己的船开到队伍的最前面，并激情慷慨地鼓励部下说："荷兰鬼子的火炮有什么可怕的？你们只要跟着我的船前进就是了。"

荷兰侵略者听说郑家军要进攻台湾，十分惊慌，连忙把军队集中在郑成功船队要登陆的港口，还在港口沉了好多破船，想阻挡郑成功的船队登岸。可洋鬼子做的这一切毫无用处，郑成功很容易就率军队登上了海岸。

更让人高兴的是，台湾人民听到郑成功来了，马上成群结队

野史秘闻

大官难见

王文治给云南太守做侍讲时，一天去拜访云南督抚。在客厅等了很长时间，以至于肚子饿了、口渴了，累得打哈欠伸懒腰，最终还是没有见着长官一面。王曾因此作诗说："平生飞扬跋扈气，消尽官厅一坐中。"

地推着小车，为自己的同胞送来饭和水，那高兴劲儿就像见到久别的亲人。已经躲到城堡里的荷兰侵略军，看见郑成功的部队在和当地老百姓上演军民鱼水情，气得是嗷嗷大叫，连忙派了一百多个士兵冲下来搅局。可这些洋鬼子一下来，就被郑家军包了饺子。

气急败坏的洋鬼子连忙又调来四艘大军舰，张牙舞爪地向郑成功的船队开了过去。在这种情况下，郑成功一点没慌，他镇定地指挥着他的六十艘战船。郑成功的战船小，行动灵活，不一会，就把洋鬼子的一艘军舰给团团围住。郑成功一声令下，六十多只战船一齐发炮，把洋鬼子的军舰打了个透心凉，一时间大火熊熊燃烧，把海面照得通红，其他三艘军舰一看形势不妙，吓得掉头就逃。

荷兰侵略者遭到这次惨败，吓得一个个躲在城里，当起了缩头乌龟。当然他们也没完全歇着，一面偷偷派人去印尼搬救兵，一面派人到郑成功的大营来讲和。派来的洋鬼子操着一口蹩脚的中国话，对郑成功说："郑先生，银（您）好！鹅（我）的长官说了，只要你退出呆湾（台湾），鹅（我）们就可以给你十万两白银。"

社会风情

送礼名称多

清朝时，下级给上级送礼相当讲究，夏天送的钱物叫"冰敬"，冬天送的钱物叫"炭敬"，离京时送的叫"别敬"，或者"别仪"，年节送的叫"年敬""节敬"，甚至在时令季节，送些水果，比如西瓜，也要取个名号叫"瓜敬"，雅洁的礼品则叫作"笔帕敬"。

郑成功听到荷兰鬼子这么说，不禁瞪起了双眼、扬起了眉毛，他威严地说：“台湾本来就是我们中国的领土，收回这个地方，那是天经地义的事。你们如果识相，就赶快滚出台湾。如果赖着不走，到时别怪我不客气！”来人知道没戏，只好耷拉着脑袋走了。

后门没走成的荷兰鬼子，不甘心就这样退出台湾。他们躲在城里，拼命抵抗郑成功发起的进攻，幻想有一天，那远在印尼的援军能够来到。洋鬼子们援军是等不到喽！郑成功倒是先把他们的水给断了。人可以不吃饭，但不可以不喝水啊，渴得要命的洋鬼子们最后没了辙，只好扯起了白旗投降。

1662 年年初，荷兰侵略者乖乖地在投降书上签了字，灰溜溜地离开了台湾。

向历史借智慧

有些事一步都不能退

人的一生中，会遇见很多事情。有些事应该放下，不要太计较。如人家踩了你一脚，忘了说句对不起，你就一个老拳抡过去，打人家个七荤八素，那就太没器量了！但有些事一步都不能让，比如主权问题。

吴三桂杀永历帝

公元1659年，大清朝廷任命“投机分子”吴三桂为云南地区的最高长官。当了云南老大的吴三桂，为了更好地讨好自己的新主子，决定要对流亡缅甸的永历帝赶尽杀绝。

永历帝的流亡，说来话长。他大名原叫朱由榔，是万历的孙子，接父亲的班做了桂王，根据地就在湖南衡阳。大明朝廷相继在北京、江南垮台以后，朱家的江山可不能没了主人啊，所以手下人就拥护桂王做了皇帝，年号为永历。可太平盛世的狗好当，战乱时候的皇帝难做。从此，朱由榔就成了新政府的头号通缉犯。整天东躲西藏的朱由榔，最后没办法，只好“偷渡”去了缅甸，希望这样能保住自己的一条性命。

可坐镇云南的吴三桂，不想放过这拍马屁的大好机会。

1661年，吴三桂率领清兵十万，从云南浩浩荡荡向缅甸进军。吴三桂立功心切，命令部队急行军三百里，直接开到了缅甸的首都，并威胁缅甸的国王说，马上交出永历帝，不然的话，就别怪我们

野史秘闻

君恩深似海，臣节重如山

1664年，钱谦益去世。钱谦益在明朝是东林党领袖，在南明是礼部部长，降清后是礼部副部长，他的降清，最受苛责。老钱曾在自家门上贴了副对联：“君恩深似海，臣节重如山。”有人就加了两个字：“君恩深似海矣！臣节重如山乎？”后来老钱顶不住压力，辞官不做了，改书房名为“逸老堂”。有人说：“逸居无教则近，老而不死是为。”骂他逸居而无教，则近禽兽，老而不死，是为贼。

这些远道来的客人不客气。

缅甸的国王看着城外黑压压的兵，再读着吴三桂恐吓的信，马上就跟永历帝商量，榔哥你看，本来我是想让你在缅甸终老的，可你们的新政府不让啊！很抱歉，我还得把你送回去。永历听缅甸国王这么说，脸立即变得煞白。他连忙说，兄弟，别！别！别！给我一次机会吧，让我写封信跟老吴求个情，说不定他念旧情会放我一马。缅甸国王一想，反正也就两三天的事，让你试试吧！

于是，永历帝给吴三桂写了一封长信，信写得是洋洋洒洒，声情并茂。在信中，永历帝极力吹捧老吴，说老吴是俊杰、识时务，之所以背叛老朱家，那都是李自成逼的。你吴大哥投降清朝那也是明智之举，我老朱家该完。但是话说回来，我堂哥崇祯待你老吴可不差。现在我是既没有兵也没有将，而且人也流亡在国外，当皇帝那已经是过去时了，现在只想保住脑袋混口饭吃。所以，希望三桂大哥放小弟一马，让小弟在缅甸安心做个侨民。

朱由榔的吹捧和哀求，并没有打动吴三桂的心。

吴三桂依然强烈要求缅甸政府交出永历帝。小国缅甸没办法，只能配合吴三桂。一天，缅甸方面突然对永历帝说，你的老部下

野史秘闻

滇中有三好

吴三桂久镇云贵，这里便成了他的私人地盘，凡是朝廷派到云南来的文官武官，吴三桂都要暗地逼他签一个卖身合同。例如：“楚雄府知府某某，老家浙江临海县，现在连同母亲卖身给平西王府。卖身价是一万七千两，介绍人胡国柱，卖身人某某。”胡国柱，就是吴三桂的女婿，一般这种事情都是由他出面。在云南任职的官员，大多数都签过这样一个合同。所以当时的人说“滇中有三好”：吴三桂好做别人的主子，官员好做别人的奴才，胡国柱好做别人的“媒人”。

也流亡到我们这儿来了，他想见见你这个老上司。朱由榔一听，还挺高兴，心想，好啊！多来点人，在异国他乡也好有个照应。于是，他一大家子就被缅方给带了出来。

可走了五六里地，老部下的影还没见着，永历帝就有点纳闷，于是他问缅方人员，怎么这么久还没到？对方敷衍说，快啦！快啦！不知不觉，已经到了傍晚。这时，永历帝一行人来到一条河边。只见河对岸，有好多人在举着火把，向河这边张望。

永历帝以为那边是自己的老部下，就问了一句："你们是什么人？"那边有个人大声回答："我们是大清吴三桂的先锋部队。"永历帝听到这话，算是彻底明白了，自己被他们合伙给骗了。

就这样，朱由榔又回到了自己的祖国。不过这个时候，他的身份已经是吴三桂的阶下囚。为了防止意外，北京方面批准了吴三桂就地解决永历帝的请求。但朱由榔还对"倒儿爷"吴三桂抱有幻想，心想这老吴家吃了咱老朱家那么多年的白面馒头和酸菜，应该会刀下留个情吧。

可如果听听吴三桂与满族高级军官的对话，朱由榔的心就会瓦凉瓦凉的了。在用什么手段杀掉永历帝的问题上，吴三桂与满

庙堂真相

政策贿成，刑以银免

南明奸臣阮大铖，对贪污有真知灼见。他说："想当官的人，只要拿钱，就让他当官；犯法的人，只要交钱，就放了他。执法的可以公开收取贿赂，自己留一部分，其余上缴国库。这样一来，个人腰包鼓了，国库也充足了。"

族军官发生了分歧。吴三桂主张砍头示众，暴尸大街。倒是人家满族人还厚道点，说朱由榔好歹是皇族，应该给个体面的死法。正想拍满族人马屁的老吴没办法，只好照办。

于是朱由榔和他的两个儿子，被带到了一个偏僻的小庙。吴三桂命令用弓弦活活勒死他们爷仨。已经心如死灰的永历帝没再说什么，平静地等待去见他的老祖宗朱元璋。倒是他的大儿子向叛徒吴三桂发出了最后的吼声："吴三桂，你这个反复无常的叛徒，我们老朱家什么时候亏待过你，你对我们父子下这样的毒手？老天如果有眼，你这个老贼将不得好死。"可骂完，他们爷仨的命也就没了。

吴三桂杀死了永历帝，也杀死了大明最后一丝魂魄。从那以后，大明朝永远地落下了它的历史帷幕。

向历史借智慧

做人不要那么无耻

吴三桂在历史上历来名声不佳，除了他是放清军入关的罪魁祸首，另一件让人唾骂的事就是逼杀永历帝。为了向新政府示好，他大力灭明，后来为了反清，又为明朝披麻戴孝，所以很是让人看不起。在社会上混，有时候为了生计不得不做一些违心的事。但不管什么事都不能太过头，一过头就会不知不觉脱离人类社会，而进入动物的队伍。做人可以无聊，但真的别那么无耻。

学习笔记

学习笔记

第二章　老大的盛世

顺治作为清朝入关以后的第一任皇帝，二十出头就去世，所以也就没有留下什么丰功伟业。但幸运的是，帝国的接班人康熙非常英明果敢，一亲政，就铲除了权臣鳌拜，紧接着又平定了三藩之乱并收复台湾。在康熙当政期间，经济得到了恢复和发展，人口大量增加，社会也比较稳定。

康熙去世后，“冷面王爷”雍正夺得了皇位。这是一位勤奋的帝王，在他的引领下，帝国的大船继续快速前行，并在乾隆时期达到顶峰，创造了古代历史上的最后辉煌——“康乾盛世”。

但在表面繁华的背后，是统治者血腥的“文字狱”和官员们的腐化和堕落。这时的帝国已经开始落后于世界。

一部著作引发的血案

公元1663年，浙江杭州正在进行一场血腥的屠杀。被屠杀的人，主要来自湖州的两个家族，一个姓庄，一个姓朱。这两家，有几百个成年男人被砍头，真是杀得血流成河。没被杀头的妇女和儿童，也过不上幸福的日子，不是被发配到边疆做苦力，就是给八旗子弟当奴才。可更惨不忍睹的是一个已经死了的人，也被挖了出来剁成了肉酱。

庄朱两家的这场祸害，源于一个人，他就是庄廷珑。

庄廷珑，是康熙初期浙江湖州的一个有钱的财主老爷。别的富翁都喜欢拈个花惹个草，买个干部履历什么的，可这位不，他偏偏爱好文史哲，还想凭这个在历史上留个名。

可庄廷珑条件不行。十几岁时，还没在北京读完大学（国子监），他就把眼睛给读瞎了。那没办法，他只好退学，卷铺盖回了浙江老家。已经回家的阿珑，想成名的心可没变。他想，在历史上，左丘明盲人前辈不也有部名著《国语》传到现在吗！他行，

庙堂真相

大兴文字狱

“明史案”是清初第一宗文字狱案，很快大家跟样学样，掀起了一股举报风潮。有人眼红别人的财产，有人跟某家有过节，就胡乱告官说人家文字“反清复明”。官场上也以此为互掐的工具。有人“写”了一首诗，被检举出来，说是反动诗文，被抓进大狱，后来才查清楚，这首所谓的反诗，其实版权要归属到唐代的诗人，这样的诗，何“反”之有！于是被释放。但那些诗文版权确实归自己，而诗无达诂，是不是“反”根本说不清楚的人，可就惨了。

我肯定也能行！

无巧不成书，这个时候，他的邻居朱国桢因为家里等米下锅，就想把他爷爷写的书稿《明史》给卖了。庄廷珑一打听，心想人家爷爷可在大明朝当过内阁大学士，文化水平高，知道的也多，弄过来再稍微给它整理整理，署上自己的大名，这书肯定火，那我这作者也肯定能出大名。于是，他就花了一千两白银买断了版权。

但美中不足的是，这部书稿没有崇祯皇帝时期的事。再说，再好的稿子也得编辑、校对。于是，他就在江浙一带招聘了许多的文化名人来为他打工。

经过大家的加班加点，日夜奋战，庄廷珑想要的书终于完成。他在书名后面加了两个字“辑略”，署上了自己的大名，并公开声明，版权为他独家所有。

可没过多久，还没等书出版发行，庄廷珑就去世了。为了完成儿子成名的心愿，庄廷珑的老爹花大钱请名人作了序。而且为了提高书的发行量，硬是在书中说，有几个全国知名的史学家，看了之后都说好。不但庄廷珑的老爹忙乎，他老丈人朱佑明也费了不少钱和精力。

野史秘闻

顾栋高裸读

顾栋高是大学者，性格傲慢，当官三年就辞职回家了。他很喜欢研读经学，从小到老，没有一天不读书。夏天读书时，天气太热，他就把门关紧，脱得一丝不挂。

正当历史纪实图书《明史辑略》在全国各大书店大张旗鼓上架的时候，一个卑鄙无耻的小人露面了。

他叫吴之荣，因为当县长期间大捞特捞，被中央撤了职，回了浙江老家，这个时候正闲在家里没事干。有一天，吴之荣也不晓得是吹起了什么风，突然想去书店逛逛，他是左瞧瞧、右看看，目光突然落到了《明史辑略》上。打开一看，他内心喜得发狂，心想，老子发财的机会到了。

于是他拿着书直接去了庄家。见了庄廷珑的老爹，他二话不说，拿着刚买的书在老人家面前晃来晃去，并厚颜无耻地说："你死鬼儿子弄的书，骗得了别人，可骗不了我。书里面明显是在宣扬反清复明嘛！要想没事，一千两白银赶快给我送家去。不然的话，让你全家死光光。"

面对吴之荣如此赤裸裸的威胁，庄老爹很是气愤。他大声地说："乡里谁不知道你是个小人。要告密你就告去，想敲诈，一个子儿也没有。反正我的书已经在国家出版部门登过记，我就不信，政府能听你一个无赖的。"碰了一鼻子灰的吴之荣，后来又去了庄廷珑老丈人家朱家，但照样被狗一样赶了出来。

野史秘闻

徐健庵卖科考名次

徐健庵做尚书，让翰林杨某主持顺天乡试，交给他密密麻麻一纸的名字，考完后，名单上的人都金榜题名。有言官上奏杨某科场舞弊，杨某害怕，徐健庵安慰他："你回去吧，不会有事。"过了一段时间，果然什么事都没有。据说是徐健庵指使人对康熙说："刚建国时，用高官利诱汉人，他们还不接受。现在一个小小的举人，他们都拿重金买通官员想得到。可见汉人都归心于朝廷，天下太平，应该祝贺。"康熙很高兴，便不再追究。

宁可得罪君子，不可得罪小人，这句话说得还真没错，由于一分钱没捞着，还被羞辱了一顿，吴之荣就直接上北京邀功去了。满族统治者一接这个案件，心想：来得好，这个案子得大办特办，好好压压汉族人想念旧政府的不良情绪。

于是就发生了开头的血腥场面。

向历史借智慧

提防小人

在这个世界上，有好人，就会有坏人、小人。在你的人生旅途中，如果遇到的全是大好人，那得恭喜你。但那只是一个梦而已，你能遇见多少好人，就会遇见多少坏人、小人。这些坏人和小人也不一定会拿刀砍你，他们一般会给你来双小鞋或使个绊子，但也许就是这些小伎俩会毁了你的一生。所以，人在江湖，对小人还是提防着点好。

康熙智除鳌拜

顺治皇帝临终前，指定年幼的玄烨为接班人，并给他配备了一个核心班子，指定索尼、苏克萨哈、遏必隆、鳌拜四大臣为新皇帝的辅佐大臣，索尼为老大，苏克萨哈次之，鳌拜垫底。玄烨即位，就是著名的康熙皇帝。

当第一辅佐人索尼去世后，野心勃勃的垫底——鳌拜为揽到更多的权力，不顾少年康熙的强烈反对，将第二辅佐人苏克萨哈处以绞刑。而遏必隆与鳌拜同旗结党，鳌拜的势力越来越大，他拉帮结派，专横残暴，根本不把小小的康熙当回事，大有要抢康熙饭碗的意思。

为保住皇帝这个天下独一无二的超级大饭碗，少年康熙决定要打一场自卫反击战。但鳌拜在朝廷的势力很大，硬来肯定不行，康熙决定智取。

从此以后，再也看不见模范生康熙，看见的只有少年康熙率领一帮跟自己同龄的宫廷侍卫，每天不是舞枪弄棒，就是摔跤，

庙堂真相

不流血的政变

1669 年，康熙通过政变，扳倒权臣鳌拜，开始亲政，这一年他才十六岁。如果从 1661 年初坐上皇位开始算起，到 1669 年时他已经做了八年皇帝；从 1667 年名义上亲政开始算起，也过去了两年。但跟历史上众多皇帝从权臣或外戚手中夺回权力的事情比起来，康熙还是很幸运的。这次权力转移并没有伴随着血腥的灭族、大规模的官员大清洗，相比之下，堪称不流血的政变。

对自己的正当职业——皇帝，一副很不感冒的样子。当鳌拜上朝经过他们身旁的时候，那玩得更是起劲，故意把嚷嚷的声音提高八度，一副不把鳌拜耳朵震聋决不罢休的气势。

为了打探虚实，耳朵也实在被吵得难受的鳌拜，有一次就问正玩得不亦乐乎的少年皇帝："皇上，朝廷的事情你真的撇下不管了？"汗流浃背的康熙上气不接下气地对鳌拜说："我的鳌大人，国家有你做主办事，我放心。"听小皇上这么说，鳌拜很是高兴，真以为小皇帝年纪轻，贪玩，自己从此以后可以高枕无忧了。

四肢发达、头脑简单的鳌拜不知道他的好日子马上就要到头了。经过一段时间的舞枪弄棒和摔跤，少年康熙和他的伙伴们一个个是身强力壮、武艺精湛。于是康熙制订了一个突袭计划。

一天，康熙突然召见鳌拜。狂傲自大的鳌拜心想：今天刮的是什么风？天天玩的小皇上怎么有空找我谈话？但志得意满的他也没往深处想，不就是见一面吗！他一个小屁孩还能把我怎么着！

于是，他像往常一样大摇大摆地来到康熙面前。他抬头一看，心里头觉得很不对劲，只见康熙今天全无以前嘻嘻哈哈的样子，显得很是沉稳有礼，侍卫们也是站得笔挺笔挺。他一进来，康熙

庙堂真相

鳌拜这个人

鳌拜，清初开国元勋，先后侍奉过皇太极、顺治、康熙三代皇帝，作为一代猛将，他战功赫赫，素有"满洲第一勇士"之称。小皇帝康熙上台之后，鳌拜就开始了他的专权之旅，虽然在维护满族的统治、镇抚汉民上继续做出很大的贡献，但另一方面，他以强硬的作风打击其他辅政大臣，越过康熙皇帝而对高级官员生杀予夺，致使与康熙间的关系越来越紧张。1669 年，康熙计擒鳌拜，鳌拜下狱不久即死，一代强人到此终结。

就笑脸相对，并吩咐旁边的侍卫说：

“还不快给鳌大人看座。”

侍卫连忙给鳌拜搬来椅子，鳌拜刚坐下，康熙又连忙吩咐手下人给他上茶，鳌拜心想走这么长的路，自己也渴了。既然小皇上这么有礼貌，接吧！就从侍卫手上把茶接了下来。他不接还好，一接可栽了。茶一到他手上就把他烫得龇牙咧嘴，茶杯摔了，身子也往一边栽去。这茶是康熙和他的侍卫们“精心熬制”的，茶杯放在滚水里煮了一个多小时，鳌大人能不被烫得七荤八素吗？可令鳌拜想不到的是，连给他坐的椅子也是康熙“特制”的，椅子的一条腿已被弄折，然后再胡乱粘上。他这往旁边一倒，折了的椅腿就断了，鳌拜失去重心，随即跌倒在地。

看见鳌拜栽跟头了，站在鳌拜身边的两个侍卫就顺势把椅子扣在了鳌拜的身上，那两个侍卫在按住他的时候，还大叫道：“兄弟们，快来呀！鳌大人栽了！”这明显是要找帮手嘛！这哥俩一喊，呼啦啦就上来了十几个侍卫，当场就把鳌拜包了包子。此时此刻，号称“满洲第一勇士”的鳌拜只有胡乱挣扎和大喊大叫的份儿。

已成笼中之物的鳌拜被侍卫们带到了康熙面前，康熙立即宣

野史秘闻

流放生活令人怀念

顺治时，诗人吴兆骞卷入江南科考案，被发配宁古塔。在宁古塔，因为有才，他很受欢迎，整天纵情诗酒，官员们争着请吴兆骞给家中子弟当老师。因此吴兆骞不仅不觉苦，反而乐在其中，一待就是二十四年。康熙时，在朋友纳兰容若的帮助下，吴兆骞流放归来，整天无事做，没钱花，吃不好，生活也不习惯，一年后就去世了。临终前，他拉着儿子的手说：“好怀念我们在塞外的生活啊，想想都觉得开心！”

布了鳌拜的十三条罪状，并且要对鳌拜千刀万剐（即凌迟处死）。听到这儿，鳌拜急了！他死命地挣脱了侍卫们，脱了自己的上衣，指着满身伤疤的身体，满含热泪地对康熙说：

“小皇上啊！你自己仔细看看，我的这些伤疤可都是为了你们家的江山而落下的。就算老臣现在霸道了点，也不至于把我千刀万剐吧！”

康熙说到底还算是个厚道的孩子，见鳌拜说得这么动情，自己不免也掉起泪来，最终免了鳌拜的死刑，改为终身监禁。

被终身监禁的鳌拜在监狱里待了两个月，就郁闷而死。

向历史借智慧

前面有坑绕着走

任何人不管做什么事，都不可能时时一帆风顺。遇到难过去的地方，如果你就要硬闯，最后只能把自己弄得头破血流。这个时候，不妨绕个道，换个思路，说不定“柳暗花明”，马上就能找到新的出路。

三藩之乱

公元1673年，平南王尚可喜因为看不惯儿子尚之信骄横霸道的作风，也因为想念在东北的老家，就向中央政府打了一份报告，说自己老了，想回家乡养老，广东的职位可以由他的儿子尚之信接替。

康熙接到老尚的报告后，回复说：你退休回老家可以，你儿子继承平南王的王位也没问题，但有一条，不但是你老尚得回老家，你儿子也得回老家，广东收归中央直接管辖。这回复让老尚爷俩目瞪口呆，不晓得该如何是好。

云南的吴三桂、福建的耿精忠听到这个消息后，心想：玄烨，好你个小子！你这不是要端我们异姓王的老窝嘛！于是，他们也向中央政府打了个报告，说自己愿意跟老尚父子一样，退休回老家。其实，他们这是在试探中央政府，心里想中央会顾及他们以前的功劳，来信劝他们继续做好本职工作。但这次康熙没客气，心想你们向中央要的拨款，花了我一半的家当，在自己的地盘上根本

庙堂真相

过一把皇帝瘾就死

1673年，吴三桂起兵叛清，建国号为周，自称兵马大元帅。1678年，眼见兵败如山倒，吴三桂在湖南称帝，建都衡阳，然后匆匆死去。像吴三桂这样过把皇帝瘾就死或者说临死也要过把皇帝瘾的人，历史上有不少，之前的李自成就是，他在清军的追击下逃出北京城前夕，匆匆称帝，过了一把皇帝瘾。民国时的袁世凯也是。

就是一太上皇，哪还把我这个皇帝放在眼里？想不干，热烈欢迎！于是他直接回复说，你们要走，中央不留。

接到这样的回应，老吴是鼻子都气歪了，心想，为了你们大清的江山，我可是被我的同胞们连祖宗十八代都给骂了。到头来，你们跟我玩这一手，老子反了！于是吴三桂派人去广东和福建，与尚耿两家约好起兵的时间。

在起事前一天，吴三桂把他的部下都叫了过来。见人都到齐了，吴三桂突然放声大哭，他哽咽地说："我对不起先帝（崇祯）啊！他对我那么好，那么厚道，可我却因为李自成杀了我全家，而把女真人引了进来，活活断送了大明近三百年的江山，我是罪人啊！我更对不起永历帝，他是老朱家唯一一个正统的血脉，都被我给断绝了。死后，我有什么脸面去见祖宗老子呀？"说完，他就要抹脖子，大家连忙上前去阻拦。

吴三桂见大家都来劝，就顺坡下驴，不再要死要活了。他抹了抹眼泪，说："投降满族人，并不是我的本意，我一直在等待机会。现在，既然玄烨那小子对我不仁，就别怪我不义。虽然我的宝贝儿子还在北京当人质，我也不管了。恢复我大明江山正在今日，

野史秘闻

千金求删一句诗

吴三桂非常喜欢陈圆圆，后来他引清军入关，据说也是因为陈圆圆，所以诗人吴梅村曾写下长诗《圆圆曲》来讽刺吴三桂。名句"恸哭六军俱缟素，冲冠一怒为红颜"，就是出自这首诗。这首诗流传极广，引起吴三桂的不安。吴三桂派人找到吴梅村，表示愿意以千金为交换，请他删掉这一句，但被拒绝了。吴梅村，清初著名诗人，与钱谦益、龚鼎孳合称"江左三大家"。

不知道兄弟们愿不愿意和我一起反了？”吴三桂的部下汉人多，被他这么一煽情，大家都纷纷表示愿意一起干。

1673 年，吴三桂率先在云贵发动战争，并且一鼓作气拿下湖南。大家见吴三桂势头挺猛，耿、尚两藩王和南方其他各省也纷纷起兵呼应。一时间，吴三桂就控制了长江以南地区。但这个时候，吴三桂打起了小算盘。他想，在北方，满族人实力强，不一定能拿下，不如学南宋那样跟大清划江而治。于是他不再前进一步。

吴三桂不动弹了，康熙可逮着机会了。他一面运用分化瓦解的政策，使尚、耿两家藩王重新归顺了中央，一面对吴三桂的根据地云贵和湖南进行了重点打击。康熙的政策很奏效，没过多久，吴三桂就成了孤家寡人。穷途末路的吴三桂，最后玩了一把疯狂，在湖南衡阳当起了皇帝，但没过多久就死了。

吴家当起了皇帝，那汉人就没了支持的兴头。1681 年，清军打进了吴家的老巢云贵，接爷爷班没多久的吴世璠自杀，“三藩之乱”就此结束。

向历史借智慧

有些事情，看看再做

有些人做事，勇气胆量是有，可脑子不够。做事情前，既不考虑事情的前因后果，也不侦察侦察地形，大都抱着赢了算我赌对了，输了就算交点学费的态度。可问题是，只怕学费交了，小命还得搭上，到时候想后悔都来不及。也许有人会说，那总畏首畏尾，能办成事吗？请你看清楚，是让你理清思路、找对方法，这样才能事半功倍，而不是叫你当胆小鬼。

狡猾的贪官

在历史上，康熙时期的官场，算得上是比较清廉的。但再清新的空气也有灰尘，在康熙皇帝的眼皮底下，就出了两个狡猾的贪官。

第一个姓郭，大名叫四海。这个家伙，因为脑瓜子灵活，肚子里有点墨水，再加上平时又会装老实，所以很得康熙皇帝的喜欢。但装的毕竟是装的，狐狸的尾巴终究会露出来。郭四海在私下里，那是绞尽脑汁，大捞特捞。

在热得狗都吐舌头的大夏天，郭四海却戴着棉帽子，穿着貂皮大衣，一边烤火，一边吃西瓜。送礼的人来了，郭四海是眉开眼笑、热情招待，托他办的事是满口答应。但康熙毕竟是明白人，对于郭四海的歪心思，康熙从来没答应过。

郭四海事没办成，送礼的人可不干了，就要求他“吃了我的给我吐出来”。但郭四海爱财如命，钱进了他的腰包，想掏是掏不出来的。他只遵循一个原则：要钱没有，要命有一条。

野史秘闻

福康安的轿子

传说福康安是乾隆的私生子，他武将出身，后来官至军机大臣。福康安的奢侈是出了名的，他每次出行，都坐轿子。这特制的轿子，宽敞而华丽，需要十多个人才能抬得动。为了跑得快，常备三十六名轿夫，轮流换班，且每名轿夫配备四匹良马，换班时就骑马跟随。轿子里有两个小丫鬟，伺候福康安喝茶吸烟，轿里并备有上百种点心。——完全是专列配置啊！

碰上这样的财迷加无赖，送礼的人只好告到官府。案件负责人就问了：你说郭老爷拿了你的钱，有什么证据吗？送礼人就比画了一遍郭四海收礼时的穿着打扮和神态。

案件负责人一听，心想，长相倒是郭四海，但穿貂皮大衣、戴棉帽，围着火炉吃西瓜，这不扯淡吗！你以为北京是吐鲁番啊！最后把告状的人给轰了出去。

郭四海钱捞着了，自己一根毫毛没动，心里那个美呀！郭四海会演戏，要出场的第二位，手段更高明。这个人叫高士奇。

高士奇，因为是文化界名人，所以很受康熙的看重。高学者不但学问好，行为也特别。他每次进宫，兜里都揣一把金豆子。碰到康熙身边的太监经过，他都得跟人家唠唠嗑，内容主要是：皇上他老人家今天吃了啥，读了哪本名著，跟什么人说过话。高学者如果觉得消息有用，马上会给太监一粒金豆子。

就这样，高士奇成了康熙肚子里的蛔虫，他做的每件事都很对康熙的胃口。于是，他的官是越做越大，弄得同事们都很羡慕。连宰相明珠都屁颠屁颠地拿着钞票来请教高学者拍马屁的技术。靠着传授拍马屁的功夫，高士奇很是发了一笔横财。

野史秘闻

皇上撑腰

康熙时期宰相索额图怕老婆，某日使臣去相府找索议事，却看见宰相夫人拿着鸡毛掸子敲床，边敲边喊："出不出来？"索则在床底大叫："就不出来。"使者解围："索相，皇上找您议事。"索才从床底钻出，整整衣冠，对老婆说："有皇上给我做主，还怕你不成！"

高学者从此住的是豪华别墅，开的是“顶级跑车”，一日三餐，燕鲍翅不离口。看见他过这样的神仙日子，有人就不乐意了，后来就告到康熙那里，说高士奇太黑了，当初他光杆儿一个到北京来，穷得叮当响。现在您看看，就靠他那点工资，能开上“跑车”，住上别墅？这里面肯定有问题，应该严查。

于是，康熙就把高士奇叫了过来，问，都说你有经济问题，到底怎么一回事啊？高士奇非常淡定，他不慌不忙地说：“那还不是因为皇上高看了小的一眼，所以同事们看在您的面子上，逢年过节就给我送了点礼物。不然的话，就我高某，鬼才搭理我。再说皇上，您看我求您给人办过事吗？从来没有啊！至于他们要送礼，作为同事，我也不好驳人面子嘛。”康熙一听，哈哈一笑，也就没再说什么。

郭四海和高士奇虽然弄了点钱，但在康熙面前，还是不敢有太大动作，要是像严嵩那样，头上吃饭的家伙恐怕早就搬家喽！

向历史借智慧

聪明请用在点子上

中国这么大，脑袋瓜好使的人肯定不少。但在很多人身上，还有老祖宗遗传的臭毛病，聪明不愿往正路上使，非得整一些小聪明。你劝他节约用水，他说我给房东水钱了，节约的话，那我不亏大发了！至于地球上最后一滴水是不是人的眼泪，不关我事！上公交车，你叫他排好队慢慢来，这样上车速度快。他说，反正我人高马大，要挤一个顶俩！慢不慢的关我什么事！

朱一贵造反

公元1721年的某天，在台湾高雄的一个吊脚楼里，有几个人正在喝着烧酒，吃着烤鸭，谈着什么。几杯酒下肚后，他们中的一个人突然站了起来，激动地说："今天在座的，我想应该都是汉人。我们汉人有千万人口、先进的文化，却被东北一个落后的野蛮民族给欺压了。想想这事，我就心情抑郁，无心工作，想骂娘。你们都跟我有过不浅的交情，我就说句掏心窝子的话，作为老朱家的后代，我准备造反了！不知道兄弟们愿不愿意和我一起干？"到场的也都是江湖上有些血性的汉子，听那人一说，纷纷表示了造反的决心。

这个做造反演讲的不是别人，就是康熙末年有名的造反头头朱一贵。朱一贵老家在福建，到台湾高雄后，办起了养鸭场。他虽然是个养鸭子的，却非常喜欢结交江湖上的朋友，只要朋友一到他家，他总得宰只鸭了招待客人。时间一久，朋友们就给他取了个外号"鸭母王"。

庙堂真相

康熙时代的边疆故事

1683年，施琅击败台湾郑氏政权，台湾回到大清的怀抱。也是从1683年起，中俄在边境发生数次战争，中方大胜，于1689年签订《中俄尼布楚条约》，划定中俄边界，这是中国政府第一次以平等身份与外国签订条约。1691年，外蒙古并入中国版图。自1690年，康熙曾先后三次亲征准噶尔部，新疆、青海等地并入中国。1720年，西藏并入中国版图。

朱一贵一直跟大家说，他的老祖宗是朱元璋，所以他不但要当“鸭母王”，还要夺回老朱家的江山。

恰好这时，台湾知府的公子因为老百姓砍了几根山上的竹子就大开杀戒，让几百个人掉了脑袋。这件事引起了人民的极大愤慨。朱一贵一看，觉得造反的时机到了，于是就举办了开头提到的造反宴会。

朱一贵等人发动造反后，才发现平时作威作福的老爷一个个都跟纸糊的似的。不到十天，台湾就全部被农民兄弟拿下。朱一贵也成了“大明中兴王”。

可就在这个时候，他的一个兄弟杜君英干起了强盗的勾当。杜君英这哥们儿，见仗打得很顺，就有点飘飘然，心想，该是快活一把的时候了。于是，他派出他的马仔，去抢了七个漂亮的乡下姑娘。

听到这个事，朱一贵马上来到杜君英的营地。刚开始，老朱还很客气，他语气缓和地说：“兄弟，把那七个丫头放了吧！咱们这才刚起步，这种事做不得。你说呢？”可欲火正旺的小杜，哪里还听得进老朱的话？他嚷嚷着说：“不就是几个女人嘛！有

庙堂真相

争来的不跪权

从清朝开国一直到康熙前期，汉族大臣见了皇族都必须跪着说话。1688 年初，孝庄老太后去世，康熙命令各王爷和大臣一起开会商量葬礼事宜。所有的亲王、郡王、贝勒、贝子都按照身份依次围成圈坐下，而汉人大学士和官员都跪在前面。有个叫王熙年的汉人官员岁数大了，跪得膝盖受不了，只能瘫坐在地。亲王们对老王一阵呵斥，汉臣中有人看不过去了，索性站了起来，抗议这规矩太混蛋！康熙下令：从此以后，汉族大臣不必向诸王下跪。

什么大惊小怪的。我不放！”老朱一听这话，火气就腾腾地往上冒，他大声地说：“你这么干，与强盗有什么区别？如果你不放了那几个丫头，就别怪我老朱不客气。”说完，他就气哼哼地走了。

但杜君英根本没把老朱的生气当回事，继续把人家姑娘留在身边快活。朱一贵忍无可忍，最后派兵收拾了杜君英一顿。但这样一来，他自己的实力也大大减弱。被朱一贵打败后，杜君英带着几万人的部队去了台湾南方。后来，他还投降了清政府。

看到起义队伍内部发生了分裂，朝廷马上派了大队人马攻打朱一贵。朱一贵的农民部队在国家正规部队的一再打击下，是一败再败。朱一贵也由于叛徒的出卖，最终被清兵抓住。

成为阶下囚后，有个官员就问朱一贵：“你个臭养鸭子的，为什么要造中央的反？”朱一贵愤怒地反驳说：“我是老朱家的后代，恢复我祖宗的基业那能叫造反吗？哪像你们这些狗官，作为一个汉人，却甘心当清政府的走狗，你们才是真正的叛徒。”那名官员被朱一贵骂中了要害，恼羞成怒，吩咐手下打断了朱一贵一条腿。

最后，朱一贵被押到北京千刀万剐。

向历史借智慧

"窝里斗"要不得

大至一个国家，小至一个公司，最怕的就是拉帮结派，搞窝里斗。这边说往东，那边偏要说往西；这边提了个很好的建议，那边说是地地道道的"馊主意"。严重的还会搞：是我这边的，错的也是对的；不是我这边的，再对也是错的。最后是一件事也办不成，大家等着一起完蛋。

悲剧太子胤礽

胤礽（音réng）出生于1674年。他的出生既是不幸的，也是幸运的。不幸的是，他的皇后母亲一生下他就死了。幸运的是，他生在一个帝王家，而且他的父亲康熙很爱他。

爱子心切的康熙，在胤礽一岁时就把他立为太子。在父亲的精心培养下，长大后的胤礽是一表人才、文武双全。可父亲特别的爱也使他很脆弱，后来在兄弟们的挤对下，他开始有点精神失常。

有一年，康熙带大家去打猎。不幸的是在路上，他的宝贝儿子、仅仅八岁的十八阿哥病死了。这让康熙很痛苦，但他还想看到自己的接班人也很痛苦。于是，他派了一个太监去太子的住所观察情况。可这位太监一走到胤礽住的地方，就听见里面一对男女在调情。女的不知道是谁，男的声音一听就是太子。

只听女的娇滴滴地说："我的太子爷，你的十八弟都死了。你还有心情快活？"胤礽轻浮地笑着说："什么弟弟哥哥的，没一个好东西。哪有宝贝你好啊！来！来！来！今天晚上爷让你松

庙堂真相

爵位也分铁饭碗

清朝的封爵制度，与明朝大有不同。清代诸王"不临民、不锡土、不加郡国"，实际上就是不给土地、不给权力，但可以享受高级待遇。并且爵位也分两种，一种是铁饭碗，可以一代代世袭，待遇不减的；一种是非铁饭碗，一代代减爵的，减到最后就是平民待遇了。清初到康熙时期，世袭罔替的铁饭碗有八个，世称"八大铁帽子王"，从雍正开始陆续增加了四个，到清末一共是十二个铁帽子王。

快松快！”太监听到这儿，赶快回去报告了康熙。

康熙听后，气得是浑身直打哆嗦，他连声大喊：“快！快！快！把太子那个畜生给我叫来。”手下人一听，连忙把胤礽叫了过来。胤礽一到，康熙抄起一个茶杯就丢了过去，并且大声责骂说：“你八岁的弟弟刚死，你作为大哥不但不难过，还寻欢作乐。天下有你这样当哥的吗？你还配当太子吗？”但胤礽目光呆滞，根本就没什么反应。

胤礽受到父亲的教训后，不但没有反省自己的过错，反而有了怨恨之心。

在接下来的旅途中，每天晚上，胤礽都要悄悄地来到父亲的大帐边，扒开缝隙，鬼头鬼脑地偷窥父亲的举动。康熙知道后，非常震惊，想不到自己的宝贝儿子竟然对自己干出这种下贱事。而且他还听说，胤礽对沿途的老百姓进行敲诈勒索。康熙对这一切是忍无可忍，终于有一天，他把大家召集起来，一面哭，一面诉说太子的错误。当他说到太子不孝，要撤了他的太子之位时，胤礽立即昏倒在地。

可打完猎回到北京后，康熙左思右想，觉得胤礽那时的行为

野史秘闻

一洗凡马万古空

康熙以后，清朝不再设立太子，但是太子府下面的衙门机构还保留着，其中詹事府有个掌管图书经籍的“司经局洗马”，非常不容易升迁，“洗马”们就改了杜甫的诗句来自嘲：“一洗凡马万古空。”

有点反常，他认为其中肯定有蹊跷。

恰好这时有皇子告状说，大阿哥胤禔（排行老大，但由于是小老婆生的，接班人没他的份，这使他很恨太子胤礽）在家做了个太子样子的木偶，天天念咒语盼太子早死。康熙一听，既高兴又难过。高兴的是，自己的宝贝儿子真的是精神有问题；难过的是，没想到自己的大儿子竟干出这么卑鄙的事。

于是，康熙马上把大儿子胤禔关了起来，并重新立胤礽为皇太子。

可安生日子没过两年，胤礽又混账起来。有一天晚上，太子爷借聚餐跟自己的心腹开了个会。喝了几杯后，胤礽忧心忡忡地对大家说："在座的各位都是我的心腹，有些话我也就不藏着掖着了。现在虽然我重新做了太子，但我那帮兄弟可没闲着，抢班夺位的活动是更加嚣张，我很担心。所以，今晚请各位来出个主意。"

他这话一说完，下面马上有个人站起来说："在下有个主意，不知道太子爷敢不敢做？"

胤礽急忙说："现在什么时候了，有话快说！"

庙堂真相

王致和创业

康熙年间，安徽人王致和先后四次参加科考，全部不中。没脸见江东父老的王致和不敢回家，只好在京城逗留，一边做豆腐一边学习。没想到他的豆腐事业却做出了名堂，干脆不考了，赚钱去。所以咱们现在能吃上王致和豆腐乳，其实是把开心建立在王致和不开心的基础上的。

那人说："要想其他阿哥消停，太子爷您就得马上上岗。您想立即上岗，就得让老爷子下台。"

胤礽一听，不禁打了个寒战。他胆怯地说："这不是要老爷子的命吗？"

那人哈哈一笑说："太子爷，别紧张！您上岗谁说就得要老爷子的命？他老人家退休了当甩手掌柜，您不一样能上岗嘛！"

胤礽一想，是啊！让老爹退休安养晚年，而我坐上宝座了，也就不用再担心兄弟们争抢，这不是两全其美的事吗？于是他决定要对老爹采取行动。

实际上胤礽完全是自我意淫，他能干的老爹可不想退居二线。这次秘密会议马上就被康熙知道了，康熙没有暴跳如雷，他平静地派人把胤礽叫了来。

康熙冷冷地看着胤礽说："你在家干的好事！"这句话说得太子就是一激灵，他吞吞吐吐地说："爹，我没干啥啊，我一直在学习。"

"还学习呢！你不是跟人合计想要夺你爹的位子吗？来！有胆量你就把你爹宰了！"康熙说完，向儿子胤礽扔过来一把剑。

社会风情

科举之路不容易

清代乡试、会试都是连考三场，每场三天，考生吃喝拉撒全在考场里面。康熙三十六年的状元李蟠，家里穷，考试时篮子里带的是一大堆馒头。古时交通不便，赶考之路也很艰辛。有人赴京赶考，路上既中暑，又晕船，苦不堪言，恨不得放弃。

胤礽知道，机密泄露了，自己这下算是真的完了！于是他跪下，哭着说："爹！我实在没有谋害您的心思，只是兄弟们逼得太凶，我就一时犯糊涂了。"

敢向老子开刀的胤礽，第二次被康熙给废了。被废后的胤礽，从此以后整天不是笑就是哭，他这次是真的疯了。过了不久，康熙去世，雍正登上了皇位。在雍正坐拥天下的第二个年头，胤礽这个当了一辈子太子的悲剧人物，终于凄惨谢幕了。

向历史借智慧

心急吃不了热豆腐

做事不要太心急，该是你的跑不了。不该是你的，你自己瞎捣鼓，只能把事情越弄越糟。像现在很多人，想发财都想疯了，把自己仅有的一点家底全部投入股市，准备大赚一笔。可结果是，竹篮打水一场空，不但没发财，倒使自己输得精光。

“冷面王爷”夺皇位

在康熙皇帝的晚年，他的儿子们为了接班，开始了残酷的窝里斗。皇帝接班人胤礽第二次被废后，阿哥们的火拼更是激烈。

彻底对胤礽失去希望的康熙，想借废太子这件事考察考察自己的儿子，以便重新选个接班人。其中老大胤禔、老四胤禛、老八胤禩是重点考察对象。

于是，有一天，他就把阿哥们叫来。康熙很痛苦地对他们说：“前太子胤礽太让我失望了！你们也知道，他妈死得早，他打小在我身边长大，我是把他当宝贝疙瘩看待。稍微大点，我又马上立他做太子，并且煞费苦心地培养他，可没想到竟然养出了个白眼狼。”说完，康熙是老泪纵横，放声大哭。

这个时候，其他的儿子都很淡定，但一向深沉的“冷面王爷”胤禛（即后来的雍正，平时为人严肃深沉，不爱说笑，所以大家送他一绰号“冷面王爷”）却扑倒在地，配合着老父亲一起流泪。

康熙在哭的时候，眼睛可没闲着，一直在留意着儿子们的表情。

庙堂真相

接班人的夺位传说

皇帝的子女一多，争家产就是免不了的事情。历史上关于皇子们争家产的故事，也就不断地有新的传奇产生。人们熟知的有隋炀帝、唐太宗、宋太宗、明成祖争家产的故事，和这些相比起来，雍正离我们更近，留下的夺位传说也就更多，野史笔记中各类记载数不胜数。最流行的一个说法是：康熙临终前，留下遗书“传位十四皇子”，大臣隆科多和四皇子合谋，改“十”为“于”，于是就成了“传位于四皇子”。这就是清初三案中的雍正夺位案。

见只有胤禛陪自己一起伤心，他就想，看来我的儿子里面，还是老四（胤禛排行第四）有点良心，其他的兔崽子，一个个都是狠心肠！

哭过以后，康熙就对大儿子胤禔说："对于我废掉你弟弟胤礽，你这个当大哥的有什么看法？"

胤禔以为老爹已经对胤礽动了杀心，就假装气愤地说："胤礽就该杀！老爹对他那么疼爱，他还急不可耐想抢班夺位，也太狼心狗肺了，这样的人不杀，还有天理吗？如果老爹您觉得下不去手，这个黑锅儿子来背。"

听完大儿子的话，康熙的心是大冬天吃冰棍——凉透了。他心想，这当大哥的太狠了！如果让这样的人做皇帝，大清国就得玩儿完！

失望的康熙把目光又投向了其他儿子，恰好看见了儒雅斯文的老八胤禩。于是他就问胤禩："老八，平日里大家都叫你'八贤王'，对胤礽的事，你怎么看？"

胤禩平静地说："二哥（胤礽排行老二）花天酒地、胡作非为，对老爹您都打歪主意，这肯定是杀头的罪。我作为弟弟，虽然跟

野史秘闻

秘密建储法

雍正从以往历史和亲身经验中吸取教训，创立了一种"秘密建储法"。就是在位皇帝尽早写好"遗嘱"，指定下一任接班人是谁，但名单只有皇帝一人知道，遗嘱被装在一个盒子里，放到乾清宫上高高的"正大光明"匾后，只有在位皇帝去世时才可以拿下来打开。这样做的好处是，所谓"太子"是不公开的，那么每个皇子都有可能是遗嘱名单上的"太子"，既然大家都有机会，就用不着互相斗来斗去了，于是都耐心地等着秘密名单公开的那天。

二哥性格不合有摩擦，但是感情还是有的，所以有一些话就不好说。老爹您一直做事黑白分明，所以二哥这事还得您自己拿主意。”

康熙一听，心想这老八，哪是“八贤王”，简直就是一“八滑头”，想搞掉他二哥，却把球踢向老子！真是一个阴险的兔崽子！

于是，他又问胤禛：“那老四，你的意见呢？”

胤禛一句话不说，只是抹眼泪。康熙和其他兄弟都糊涂了，这老四平时做事可是雷厉风行的，今天这是吹的哪股邪风，婆婆妈妈起来了？在老爹的一再追问下，哭得泪人似的胤禛哽咽地说：“爹，二哥以前对我那么好，他今天被人逼到这步田地，做弟弟的我实在没话好说。”说完，他又趴在地上痛哭起来。

老二胤礽虽然永远被废了，但康熙内心深处，还是很爱自己这个儿子的。所以今天这场跟儿子们的会面，不但是考察新的接班人，更是想让儿子们表现出他们的兄弟情分。可大家的表现，只有胤禛对了他的胃口。

从此以后，胤禛在康熙心目中的印象越来越好。再加上他学道家那一套，整天表演“无为”给大家看，这使得他在为皇位争得热火朝天的兄弟们面前，显得很是不同。

名臣风骨

毛奇龄毒舌

康熙朝的大诗人毛奇龄（毛西河），狂放不羁，他评人论文很毒舌，以至于几次遭人报复，被诬陷下狱。毛奇龄最看不起的是宋人，他骂过大词人苏轼，还专门绑了一个像朱熹的草人，放在书桌边。每次读朱熹的书，稍发现有不好或者不对的地方，他就反问、拷打草人。每次又打又骂地在草人身上发泄一顿，他就会很痛快。

康熙也越来越觉得这个儿子稳重可靠，甚至派他代替自己去祭天。这可了不得，祭天那是皇上才能干的工作。

在康熙病危的时刻，胤禛一直陪伴在老爹身边，近水楼台先得月，最终深沉的胤禛赢得了皇位，这就是雍正皇帝。

向历史借智慧

人最需要的还是感情

走在大街上，你拉个人过来问他：哥们！你现在最需要的是什么？他一般会毫不犹豫地回答说，钱！你再问一个，得到的答案可能还是钱。这些兄弟回答得没错。钱对于一个人来说，肯定是生存的基本需要，但基本需要不等于最重要的需要。人其实最需要的还是感情。在现实的交往中，大家肯定都有这样的经验：给你印象最深的，肯定是那个曾经给你温暖的人。只不过钱人们挂在嘴边，而感情人们放在心里。

雍正与年羹尧

在雍正抢班夺权的活动中，大将军年羹尧出了很大的力。所以，雍正坐拥天下后，年羹尧成了大红人。

有一次，年羹尧得了严重的伤寒，躺在床上下不了地。雍正听说后非常着急，连忙叫上太医院的医师赶到年家。一到年羹尧的卧室，年羹尧就挣扎着起来给雍正磕头。雍正见老年脸色发白，头上冒虚汗，连忙上前按住年羹尧，说："老年，赶快躺下！咱俩谁跟谁呀！你身体不舒服就不要行那套虚礼了。"

年羹尧见雍正发话了，实在难受的他也就没有勉强。雍正又连忙吩咐医师给年羹尧看病，看完后，医师捋捋胡子说："皇上，老年这个伤寒不好治啊！因为这个病需要的一味中药不好弄。"雍正有点不耐烦地说："是什么药快说。我堂堂一国之主，什么弄不来？"那位医师回答说："真命天子的龙须。"

听医师这么说，雍正明白了，心想，不就是要我的胡子吗！为了老年能赶快康复，这点胡子算什么！于是，他顺手操起卧室

庙堂真相

文字狱汹涌而来

1725 年，浙江学者汪景祺被指著作中有指责康熙皇帝的句子，汪同学本人被处斩，家人被发配到黑龙江为奴。1726 年，皇家教师钱名世，因曾写诗表扬年羹尧被革职，雍正亲书大字报"名教罪人"。礼部副部长查嗣庭在科举试题中有"维民所止"的句子，被认为是恶毒攻击雍正（"雍"字砍掉脑袋是"维"字，"正"字砍头是"止"），查嗣庭下狱死，儿子被处斩，家人被流放。1627 年，太常寺领导郑汝鲁写歌颂文章，被指为攻击皇帝，后被发配去做民工。

里的一把剪子，就要剪自己的胡子。年羹尧连忙说："皇上，不能啊！为了小的一条贱命而伤害您宝贵的身体，不值当啊！"可雍正还是果断地剪了下来。老年当场感动得晕了过去。

在雍正的"溺爱"下，老年是越来越忘记了自己姓什么。

有一年，在外做官的年羹尧回京城作报告。北京三品以上的官员，都纷纷到郊区去迎接老年，大家都点头哈腰、笑容满面。可骑在马上的老年，却突然对直隶巡抚说："狗奴才，见了你家主子还不快跪下！"那位官员虽然老大不乐意，但人家老年现在是皇帝跟前的红人，得罪不起！于是他只好跪在路边，向老年磕头。有些王爷想跟老年同志握个手，可老年把马屁股一拍，瞧都没瞧一眼，就哈哈大笑走了。

更严重的是，年羹尧对皇上也不太感冒了。有一次，雍正找他谈话。一到皇宫，还没等雍正赐座，老年自己就拽了把椅子坐下了。雍正一看，火就腾腾往上冒，心想，这老年头，在外面混了几年，越来越不像话！但他还是强忍着没有发作。雍正平复了一下心情对老年说："现在我想把官员的工资待遇提高，这样官员的贪污腐败现象就会减少，你看这样做行得通吗？"

名臣风骨

年羹尧治军之严

年羹尧治军时军法严厉，令出必行，他说去东边，部下不敢往西。有一次下大雪，他坐着轿子出行。两名随从人员以手扶着轿子，不一会，手指冻得通红。年羹尧一看有点心疼，就下了一道命令："去手。"他本意是说你们把手放下去，别冻着了，结果两名随从没领会意思，拔出佩刀，咔嚓两声，各自把自己的手掌砍了，顿时鲜血直流。

老年一脸不屑地说："皇上，您老人家待在宫里是不是待傻了？那帮官场老油条，我还不清楚？你就是给他们金山银山，该捞他们还得捞！"雍正这时把脸沉了下来，他冷冷地说："那你说怎么办？"年羹尧大声地说："这还不好办吗，一个字：杀。查出一个杀一个，查出一万杀一万，我就不信有真不怕死的。"年羹尧指手画脚，说得是唾沫横飞，完全忽略了雍正的感受。

年羹尧的没大没小，深深刺激了雍正。老年一到家，雍正就发来了指示："一个人越是功劳大，越要夹着尾巴做人，不然的话，只怕没好果子吃。"雍正这话说得够明白的了，可大老粗年羹尧根本就没放心上，照样高调做人。

看老年的尾巴放不下来，雍正决定要动刀了。

1725 年，雍正罢免了年羹尧陕甘总督的职务，并解除军中的职务——抚远大将军，就任杭州将军。可是年羹尧在"天堂"杭州屁股都还没坐热，雍正要他自杀的命令就来了，最后老年就真的去了天堂。

向历史借智慧

别总翘尾巴

有句话说得好，感情越说越有，功劳越说越没。现实中的很多人不懂得这个道理，一旦稍微有点成绩，尾巴就翘上了天，谁他也看不上。发展到极端，连领导也不放在眼里。最后的结果是，同事疏远他，领导讨厌他，最后只能卷铺盖走人。

雍正搞曾静

雍正时期，湖南人曾静受已故学者吕留良反清复明思想的影响，成了一个积极的复国主义者，暗中进行了很多反对清政府的活动。

雍正六年（公元1728年），曾静听人说，川陕总督岳钟琪曾上书指责过雍正，他就想当然地认为，岳钟琪对皇帝肯定有怨气，这一点可以利用。于是，他连夜写了一封信给他的徒弟张熙，叫他带到西安给岳钟琪。

张熙来到西安后，想方设法把信送给了岳钟琪。岳大人打开信一看，吓了一跳。信中说，雍正毒死了他的父亲康熙，逼死了自己的母亲，对兄弟们大开杀戒；杀害忠臣，重用小人；又好酒又好色，等等，这样的皇帝就应该废了他嘛！再说你岳钟琪可是岳飞的后代，想想你老祖宗精忠报国的事，你老岳还坐得住吗？兄弟赶快造清朝的反吧！老哥曾静我在湖南等你的好消息。

岳钟琪虽然是岳飞的后代，可现在当着高官，享受着荣华富贵，

庙堂真相

乾隆杀曾静

1728年，雍正放过了曾静，并交代儿子们说，千万不要得罪文人。但1735年，乾隆一即位，便下令将曾静和张熙斩首，并查禁老爸的心血之作《大义觉迷录》。皇帝的著作成为禁书，这恐怕是历史上第一回。对于一定要杀掉曾静的原因，乾隆是这样解释的：吕留良诽谤我爷爷康熙，所以我老爸雍正要为父报仇，而曾静只是诽谤我老爸，所以我老爸原谅他，这就是“谤己者犹可原谅，谤祖者死罪难逃”。现在我也要为父报仇，因此曾静非死不可。

他可不想拿自己的脑袋开玩笑。于是，他立即把曾静的信上交了中央。雍正看了曾静的信后，恨不得马上杀了他全家，急忙命令公安部门调查这件事。案情很快就查清了，曾静和他的学生张熙都被捕了。

曾静和他的学生张熙被捕后，中央派来的官员对他们进行了审判。审判人员先把刑具让老曾和小张一一过了目，并当场进行了演示。看过以后，老曾和小张吓得身体直晃悠。

没过多久，审判人员说："刚才的情形，你们也看见了，像你们俩这身板，不要说用完十大酷刑，怕是过不了五道，你们就得报废。如果跟我们合作，写份悔过书，保你们无事。"

已经被吓得够呛的老曾头，连忙答应下来，于是诞生了中国历史上有名的悔过书《归仁录》。在书中，曾静深刻反省了自己：能走到今天这一步，都是因为看了吕留良老头的"反动书籍"；说雍正爷杀了他老爸，那都是自己满嘴跑火车、瞎放屁；皇帝多么伟大英明，我还说他好酒好色，真是该挨千刀万剐。

看到老曾头这份悔过书，中央的官员很是满意，连忙把曾静和他的学生张熙押回了北京。

庙堂真相

吕留良案

吕留良（1629—1683），明末清初学者，削发为僧，以不应清朝的科举。吕学者和雍正皇帝本来不搭边，雍正上台时，吕学者已经去世四十年之久。但曾静案好比一场飞来横祸，吕学者因此被雍正掘坟剖棺戮尸。吕氏的后人及学生也都遭了大殃，不是被斩首，就是被流放宁古塔为奴，受牵连者众多。吕留良的著作也成为禁书，堪称清代第一文字狱。在野史中记载，吕留良的孙女吕四娘为一代女侠，为了报仇，入宫刺杀了雍正。

听说犯人来北京后，雍正得意地对自己的心腹说：“他们能得到这样的悔过书是不错，但我还有更奇妙的绝招。你们就等着瞧吧！”

雍正首先宣布对曾静和张熙给予特赦，免去他们的死刑，并发布公告说：以后对他们的家属和子孙谁也不能动一根手指头，有敢违抗命令的，就是跟我雍正过不去。

但对已死去的吕留良，雍正却极其残酷，他命令挖坟剐尸，割头示众。吕留良全家老小，一个不留。并且，雍正还亲自动手，写了许多批判吕留良“反动言论”的文章。最后，他把曾静的悔过书和口供以及自己的批判文章，编辑成了一本思想政治书《大义觉迷录》。

《大义觉迷录》印好后，政府免费发给全国各个中小学校，成了学生们的必读书。而且命令学生必须认真学习，深刻领会其中的思想内涵，并且还得对曾静的言行进行批判。对于批判不到位的，要给予严厉的处罚。于是，全国兴起了一场批判“反清复明”反动思想的群众运动。

当然，在这场轰轰烈烈的批判运动中，肯定少不了曾静和张

庙堂真相

雍正严苛

雍正七年冬，陕西雪灾，巡抚武格没有及时奏报。当皇帝追问时，武格回奏说：“臣等愚昧，实难辞咎。”雍正用朱笔将“愚昧”二字画去，怒加训斥：朕深恶此等虚诈俗谈！若把你这个愚昧之人用为封疆大臣，那么用你的朕怎么讲？还是诚实一些好，这样虚头巴脑的话以后少用！

熙两位主角。雍正派人带着曾静、张熙分两路出发，去全国各地进行“回头是岸”宣讲会。每到一地，曾老先生和他的学生张熙是泪流满面，悔恨不已，到最后都得深情地感谢皇上不杀之恩。

就这样，老曾保住了小命，雍正也得到了他想要的东西。

向历史借智慧

是青蛙就别装吉普

从前有个同学特逗，他老爸不过就是一名村主任，可这位同学每次都说，我爸今天又召开了什么什么会议，主要是讨论什么什么问题。不知道的，还以为他爸是多大的官呢！这样的人社会上可不少，自己本来也就半斤八两，但非搞得自己有千斤重不可。这样做，除了让人笑掉大牙，还有什么作用？所以，青蛙王子们醒醒吧！吉普装不得！

让他三尺又何妨

康熙、雍正两个时代的大臣张廷玉，也许大家比较熟悉，但提起他的老爹张英，好多人肯定都得拍拍脑门问："张英是谁？"

张英名声没他的儿子响，但当的官可不比他的儿子小。康熙时期，张英曾做到大学士（相当于宰相）兼礼部尚书。因为勤劳肯干、低调厚道，他很得康熙皇帝的喜欢。低调的老张名没被人记住，可有一件事却在民间广为流传。

有一天，张英像往常一样在宰相办公室办公，突然，他的秘书急匆匆地跑进他的办公室，递给他一封安徽老家来的鸡毛信。老张一看是鸡毛信，立即就吓得心突突的，心想家里来封代表危急的鸡毛信，不会是自己的母亲张老太太有什么三长两短吧！想到这儿，他急忙把信打开，看了起来。

原来是这么回事：邻居老叶家因为人丁兴旺，房子不够住，所以就决定把房子翻修扩建。施工队白天忙活，晚上也不消停，搞得老张家集体失眠。这还可以忍忍，可气的是老叶家得寸进尺，

名臣风骨

父子宰相

张家都占据高位，张英和张廷玉都做到了宰相。张家官运所以能这么亨通，与他们父子俩的宽容退让和谨小慎微分不开。某年，张廷玉的儿子殿试中了探花，张廷玉马上请求雍正换人，把儿子的名额留给其他人。当然张廷玉官声不错，做御史时也敢于惩恶。有个官员嚣张跋扈，违法乱纪，人送外号"张老虎"，张廷玉知道后，把张老虎抓了起来。很快，朝廷大员们纷纷来说情。张廷玉顶住压力，最终严惩了张老虎。因为这件事，人送雅号"伏虎御史"。

造房子、砌院子，不但把两家共有的地盘占用了，还越界把院墙建到老张家这边来了，说现在建的地方本来就是他们的。用尺子一量，刚好是三尺。老张家的人认为这是祖上留下的基业，再加上张英又是朝廷的大官，所以他们不愿意低这个头。于是两边就闹了起来。老张家说，你仗着人多，蛮不讲理，强占强霸；老叶家说，你仗着有人在朝里做高官，就欺负我们平民老百姓。两家互不相让，闹得不可开交。正在这时，老叶家有个不信邪的倔秀才，就一纸诉状把老张家告到了县衙。

这老张家的人一想，行！告得好！我们家老爷就在北京做高官，他只要随便说句话，家乡那芝麻点大的县官还不得用纸兜着。于是，张英他妈张老太太就命人写了一封加急的鸡毛信送到北京，让儿子张英给家乡的县官打个招呼，以便打赢这场土地纠纷案。

张英看完信后，明白了事情原委，长长地松了一口气。心想，我还以为是什么大不了的事，不就是三尺地吗，何必非得煞有介事地来封鸡毛信，吓人一跳？再说祖上留下的地盘，时间这么久了，也没什么过硬的证据，就是把包青天包老爷从阴间请出来，他老人家也断不明白呀！我是朝廷的高官，大家又是“抬头不见低头见”

社会风情

有事不如无事好

雍正、乾隆时期有个高级官员叫陈宏谋，为官清廉，深受百姓爱戴。有一回他在广西老家过年，乡里乡亲们都来请陈大人帮忙写春联，老陈同志一看，这么多要写的春联啊，就想了个主意。这天，乡亲们来取春联了，老陈把春联一一发给大家，但是，春联上一个字也没写。人家就问：“怎么一个字也没有啊？”老陈说：“有字不如无字好。”大家一听，有事（字）不如无事（字）好，OK。于是当地就有了春联只贴红纸不写字的习俗。

的乡里乡亲，如果强行凭手中的权力把地盘夺过来，不利于构建和谐社会嘛！他老人家这么一想，随即就提笔写了这么一首诗：

一纸书来只为墙，让他三尺又何妨。

万里长城今犹在，不见当年秦始皇。

写完后，他就让人快马加鞭把信送回安徽老家。

张老太太一接到儿子的回信，非常高兴，心想儿子肯定是来信告诉自己已给县里的县官打好招呼了，让她老人家不要担心。这回，看县官怎么收拾老叶家那帮不知天高地厚的家伙。可当她打开信一看，见到自己儿子写的那首诗时，老太太傻眼了。这哪里是安慰人的话，简直就是气人的嘛！老太太很是生气。可生气过后，她仔细地一琢磨，儿子那么一个有出息的人，告诉家里人这么做，应该是经过深思熟虑的。还是按儿子说的做吧！于是，她就吩咐家里人，那三尺地不要再跟人家争了。

老叶家见对方如此通情达理，就把自家的院墙也撤了回来，而且还主动让出了自家的三尺地，从此两家之间就形成六尺宽的巷子。后人美称为“六尺巷”。

向历史借智慧

退一步，你好我也好

只要人类社会存在一天，人与人之间就会有矛盾。有了矛盾该怎么办？很多人的第一反应是，废什么话，用拳头解决呗！自己的利益哪能让人抢了去？可拳头真能解决问题吗？答案是否定的。如果大家都抱着这个想法，那就准备一起玩儿完吧。最明智的做法是，大家将心比心，互相退一步，来个双赢，岂不两全其美？

老头子走了吗

公元1735年，勤奋、严肃的雍正皇帝去世，接班的是儿子乾隆。乾隆上台后没经过老爸那样的血腥斗争，日子过得富贵清闲又太平，所以总是一副公子哥儿的做派，加上他一向自命文采风流，最乐意做的事情就是游山玩水和搞形象工程。

1772年，在皇位上已经待了几十年了，乾隆想，现在国家风调雨顺、国泰民安，一片欣欣向荣的景象，这样的盛世，没有几个重大的文化工程来衬托，怎么说得过去呢？于是，拍马屁的大臣就说了，明朝的永乐皇帝，为了表示自己的文治武功，不是搞了部《永乐大典》嘛！说句实在话，您老人家比他英明多了，咱可以整个更大的。

乾隆一想，整吧！而且要整成大全集、最全集，谁都没法跟我比，书名我都想好了，就叫《四库全书》。他跟大臣一商量，大家都一致叫好。

于是，大型丛书《四库全书》的编纂工作就开始了。

庙堂真相

宰相制度又一变

1729年，雍正设立军机房，专门负责西北的战事，不久就改称"办理军机处"。1737年，刚上台不久的乾隆改组办理军机处，任命大学士鄂尔泰、张廷玉为军机大臣，从此，宰相之权归属军机处，军机处从一个临时的军事委员会，一跃成为国家最高权力机关。军机大臣人数不定，最初是三个，后来是七个，最多的时候有十一个人。后来的左宗棠、张之洞、袁世凯都曾担任过这一职务。

高级干部、全国知名学者纪晓岚任《四库全书》的总编。编辑们忙得不可开交，他这位总编也不轻松，每天窝在办公室修订稿件，中午想打个盹也没时间。

有一年夏天的中午，正是三伏天，街道上的狗都热得吐着舌头。纪晓岚是个大胖子，最怕热。他想，大中午的应该不会有人来了吧，就把汗衫脱了，光着膀子，赤着两只脚，只穿条大裤衩，一手拿着笔，一手拿着大蒲扇不停地扇着。

闲得无聊的乾隆皇帝，也非常关心《四库全书》的进展情况。于是，他就想到纪晓岚的办公室去看看。为了不打搅老纪的工作，乾隆事先没叫人去通报。他悄悄地来到老纪的办公室，在走廊的窗户底下往里看了看。一看老纪的打扮，他忍不住有点想笑，心想：好你个老纪，平时人模人样的，没人的时候，你就这副尊容。乾隆用目光瞟了一眼身边的太监，太监会意高声大喊了一句：“皇上驾到！”

这冷不防蹦出的一句话，可把纪晓岚吓了一大跳。他一看，穿衣服已经来不及了。情急之下，他看见八仙桌四面有布幔挡着，就钻到八仙桌子底下去了，其实这一切，乾隆都看见了，但他啥

野史秘闻

纪大烟袋

纪晓岚是个大烟鬼，烟袋寸手不离，人称“纪大烟袋”。一天，他正吸烟，忽然乾隆大驾光临，他匆忙中就势将烟袋插进靴筒里。烟锅里的火星烫脚了，纪晓岚也不敢吭声，拼命忍着。可不巧，那天乾隆停下来和他聊起天来，聊着聊着，靴筒里的火都烧到袜子了，烧得纪晓岚龇牙咧嘴、眼泪汪汪的。乾隆一看，咋了呢？纪晓岚哭着说：“皇上，臣的靴筒里走火了！”以后几天，纪晓岚走路都一瘸一拐的，人称“纪铁拐”，成为一时笑谈。

也没说，慢慢走到桌边坐了下来，心想：老纪头，我看你能撑多久！

四周静悄悄的。过了好长时间，桌子底下又闷又热，纪晓岚憋得实在难受，他估摸着乾隆皇帝可能已经走了，就把头从桌子底下探出来问道："老头子走了吗？"

乾隆一听，把桌子猛地一拍，大声说："你叫谁老头子呢？还不赶快给我滚出来！"

纪晓岚这下可吓坏了，但又不敢不出来，就哆哆嗦嗦地从桌子底下爬了出来，跪在乾隆面前不住地磕头："臣罪该万死，罪该万死！"

乾隆说："既然你知道有罪，那你说说自己都有什么罪？"

纪晓岚说："臣这副模样，就是对您老人家的大不敬！"

乾隆说："我来得突然，这我不怪你。你只要给我把'老头子'好好解释一下，解得好就没事，解得不好就有你老纪头的好看！"

纪晓岚听了，反而放下了心。他心想，这对我纪大才子来说，还不是小菜一碟？于是，他就精神抖擞地解释说："皇上您老人家称为万岁，人活一万年就是老；皇上是国家的元首，元首就是头；皇上还是上天的儿子，儿子就是子。合起来不就是'老——头——

社会风情

有钱好买官

乾隆皇帝公开推行用钱买官做的制度。所以，清朝的官都是商品，民间俗谚说："捐官做，买马骑"，"火到猪头烂，钱到公事办"，说的就是这档子事，还有更著名的说法，叫"三年清知府，十万雪花银"。可以说，当时天底下的买卖，只有做官的利钱是最好的。

子’吗！”

乾隆听了老纪这番解释，哈哈一笑，气也消了，同时很佩服纪晓岚的口才，就说：“起来吧！原谅你了。”并把自己常用的一把御扇赐给了纪晓岚。

向历史借智慧

适当的奉承话无伤大雅

拍马屁，特别是那种赤裸裸的拍马屁，不但使周围的人讨厌，就算是被拍的人也很反感。其中的道理很简单，因为拍马屁的人可不是发贱，那都是奔着好处去的。等你没用处时，别说给你拍马屁，说不定还得在你屁股上来一刀。但适当的奉承话就不同了，大部分情况是为了搞好关系和缓解矛盾。所以，恶心的马屁别拍，适当的好话要说。

和珅的发迹

和珅能够获得“贪官巨无霸”的称号，得感谢两个人：一个是他老婆的爷爷英廉，一个是他人生中的贵人乾隆皇帝。

说到英廉，那可是乾隆时期部长级的高官。但不幸的是，英廉唯一的儿子在给他留下一个孙女后，小夫妻俩就双双离开了人世。年纪已经很大的英廉，把孙女那真的是当心肝宝贝对待。

等孙女稍微长大点后，爷爷就开始为自己的孙女挑选老公。于是，老人家就到北京的官办大学（咸安学宫）周围转悠。有一次，他正在学校的林荫道上溜达，突然对面走来一个少年，仔细一看，真叫一个英俊潇洒、儒雅斯文，老爷子彻底惊呆了，心想，这孩子长得真俊！就不知道是哪家的孩子，肚子里有没有货。

于是事后，他向学校的老师打听了一下情况。得到的反馈是，这个孩子名叫和珅，满族人，从小父母就死了，家庭环境一般。但孩子人聪明，学习也刻苦，关键是性格还很深沉稳重。老爷子这下乐开花了，心想：缘分啊！我的孙女婿就你了。

名臣风骨

个个草包

和珅和纪晓岚同朝为官，一次，和珅找到纪晓岚，请他帮忙给自己的书房起一个名字。纪晓岚想了想，挥笔写下两个大字：“竹苞”。和珅一看，果然有文化，“宁可食无肉，不可居无竹”，好意境，回家赶紧贴到书房门上。一天，乾隆到和珅家，看到了这“竹苞”二字，不禁哈哈大笑，问和珅：谁给你取的书房名字？和珅说：纪晓岚啊！乾隆更乐了：纪晓岚在骂你呢，说你家人个个（竹）是草包（苞）。

等和珅长到十八岁时，英廉老爷子连忙去提了亲，并对和珅说："孩子，我知道你家条件不好，但你不用操心，所有的费用爷爷我包了。你只管结婚。"老爷子的这番话，说得和珅是泪流满面。他真的想不到自己一个从小没爹没妈的苦孩子，能得到这么一个大官的关心。于是，两个都缺乏父爱、母爱的年轻人走到了一起。结婚后的和珅发誓要干出一番事业，以报答英廉老爷子对他的厚爱。

有当部长的人给和珅做爷爷，那和珅在事业上，肯定是顺溜多了。

不久，和珅就来到宫里，当起了三等侍卫。官虽然不大，但天天在皇帝眼前露脸的机会多。

有一次，乾隆皇帝去山东视察，和珅恰好随行当了保镖。乾隆当时坐的是一种骡子拉的车，这种车速度很快，一般的侍卫是跑得跌跌撞撞，想跟上有点费劲。只有一个小伙子面不改色气不喘，一直跟在车子左右，此人正是和珅。乾隆不免就看了和珅一眼，一看不得了，和珅的帅把乾隆给秒杀了。他老人家心想：这么帅的一个小伙儿，我早先怎么没发现呢？于是他就问和珅：

名臣风骨

烧车御史

和珅权倾朝廷时，跟前的奴才也飞扬跋扈，经常驾车子在街市上横冲乱撞。有一回撞到了正在巡逻的御史谢振定，谢把那个奴才拉下车，用鞭子抽打了一顿，还一把火烧了车子。老百姓都拍手称快，称谢为"烧车御史"。有个姓王的官员为讨好和珅，找借口弹劾，谢振定被罢官。朝臣们评论说："谢振定失去了官职，而姓王的官员失去了名誉。"后来谢振定的儿子被召见，皇帝问他："你就是烧车御史的儿子呀！"提拔他做成都知府。

“小伙子，读过书吗？”

和珅回答说：“读过一点。”

乾隆又问：“那你参加过科举考试吗？”

和珅回答说：“考过，但是没考上。”

“那你记得当时的考题是什么吗？你写的作文，还能不能背给我听听？”乾隆再一次问和珅。

和珅先回答了考试的题目，然后，一口气把自己当年写的文章给背了出来。乾隆又一次惊呆了，心想：这个小伙，不但人长得好看，肚子里也有货，是个人才啊！于是，乾隆就把和珅留在身边，让他当起了御前侍卫。做了贴身保镖的和珅因为很会察言观色，办事也周到，因此深得乾隆老爷子喜欢。

当年，乾隆就把和珅提拔为户部侍郎，到了第二年，又将他升为军机大臣。二十多岁的和珅，就像坐了火箭一样，开始了他的锦绣前程，也开始了他的巨贪之路。

向历史借智慧

长得帅还需要有文化

和珅年轻时是美男子，但他之所以能被乾隆看上，有文化是一项很重要的因素。长得帅是个好事情，喜欢漂亮是每个人的本能，漂亮的人有点成绩，人们更容易注意到；漂亮的人犯了错误，人们更容易原谅他（她）。但是，漂亮不是万能的，尤其不要以帅卖帅，如果一味注重外表而忽略了内心的修炼，那么坏结局很快就会来到。

马噶尔尼来中国

公元1792年，在英国一个很有名的港口朴次茅斯，停泊着两艘军舰和一艘供给舰。供给舰叫“豺狼号”，两艘军舰一艘叫“印度斯坦号”，另外一艘叫“狮子号”。“狮子号”的主人是马噶尔尼，他受英国女王的派遣，将带着八百多人去中国为乾隆祝寿。

经过十个月的海上旅程，英国人终于到了中国。看见海上停着一个巨大的铁疙瘩，附近的中国渔民都很好奇，纷纷摇着小船过来参观，一个个摇头晃脑，表示这个世界太奇妙。

当然，那时中国领航员的好奇心不比渔民差。当他来到英国人的船上时，这儿看看，那儿摸摸，好像刘姥姥进了大观园。为了验证船的材料，这位领航员竟然用自己的牙齿咬了咬，差点没把牙给磕掉。但他也有了一个惊人的发现，洋鬼子的船竟然是铁的。这下领航员就纳了闷，用铁做船不会沉吗？难道这帮洋人会法术？

这个疑问还没有解决，新的问题又来了。他又发现洋人的船连船帆也没有。掌握方向也不用船舵，只用一个铁圈圈转来转去。

庙堂真相

在朝廷上班也很辛苦

除了像明朝万历皇帝那样的宅男，多数时候，朝廷每天都是要上早班的，参加人员包括皇帝和三品以上的京官。基本上一年到头除了几个节日和少数例外，其余日子都有早朝，比现在的五天工作制不人道得多。早朝开始时间一般是在早上六点半，那时候交通工具落后，参加早朝的官员们往往四点多就得起床，得预备出洗漱打扮的时间、吃早点的时间、赶路的时间。就算住得最近的皇帝，五点多也得起床了。想一想，光这一项，就能令多少懒人畏而却步啊。

反正这位参观完英国军舰回来，可以根据脑袋里的疑问写一本《十万个为什么》。

英国人的到来，不但给了中国老百姓一个惊奇，也使中国的一把手乾隆非常兴奋。他想，我做寿，隔一万里的国家都来“进贡”了，从古到今，哪个皇帝有我牛！

本来这个事，是应该由理藩院负责的，但由于乾隆觉得稀罕，就坚持要亲自打理，马噶尔尼的吃喝拉撒都得向他汇报。有了皇帝的关照，马噶尔尼一路上是吃香的喝辣的，晃晃悠悠就到了首都北京。

到了北京，马噶尔尼才知道天下没有免费的午餐。清政府竟然要给他们开礼仪特训班，而且还说，三跪九叩是必修课程，不然的话，一切免谈。马噶尔尼心想，我给我们女王行礼也只是单膝跪地，凭什么给你乾隆三跪九叩，你们明摆着是要把我们当小弟看嘛！马噶尔尼可不想接受这个要求。

于是，他就给在避暑山庄的和珅写了封信，说：中国和英国是平等国家。要想我跪你们皇上也行，你和珅也得向我们的女王画像行同样的礼。

野史秘闻

亲王有奇癖

乾隆的弟弟和亲王弘昼，为人骄纵荒唐。有一次，乾隆让他监督殿试，他中途跑出去吃东西。弘昼还有一项奇特的爱好，就是给自己操办丧事，没事时就演上一回：弘昼自己肃然端坐在本该放棺材的地方，将满台的祭品大喝大嚼，现场表演“尚飨”，而旗下官员以及家中奴仆们，则围着他“哭丧”。

和珅看了马噶尔尼的信后，心想，你马噶尔尼开什么国际玩笑，就你们屁大点的野蛮国家，还敢和我们天朝上国相比？让你三跪九叩那是给你面子。所以他索性把信打了回去。

不久，马噶尔尼也到了避暑山庄，他又亲自来到和珅住所，与和珅辩论行礼问题。说了大半天，两人也没达成一致意见。说得口边都起了沫子的和珅，再也不愿跟马噶尔尼废话。就跟乾隆说，皇上，这个洋鬼子，就是个二愣子，我建议您就按英国的礼仪跟他见一面，趁早叫他滚蛋。老爷子乾隆表示赞同。

听说中国皇帝已经答应了单膝下跪，马噶尔尼很是高兴。第二天凌晨四点，他就来到了会面的地方。可等了三个小时，马噶尔尼都饿得前胸贴后背了，乾隆老爷子才不慌不忙驾到。乾隆脸色也不太好看，黑得就像谁欠他三百两银子似的。好不容易见着乾隆，马噶尔尼也顾不得肚皮饿了，赶快上前行礼，并说："我们的英王陛下托我向您表达真挚的祝福。"乾隆淡漠地点了点头。

马噶尔尼接着又说："再就是，我们英国想在北京设立办事处，以及请求您老人家开放沿海城市，以方便两国做生意。"

一听马噶尔尼的话，老爷子乾隆的火就上来了，心想，让你

野史秘闻

和珅讲笑话

和珅虽然官至高位，但不喜欢装腔作势，要钱要物很直接，又喜欢开些粗俗的玩笑。有一次，吏部组织礼仪培训，那些新入职的官员表现得特别拘谨、斯文，和珅一乐，说了一句："今天咱们就好像是孙武训练宫女们打仗一样。"还有一次，越南进贡了一个金狮子，狮子的里面是空心的，和珅见了，就说："可惜是空心的，不然就值好多钱。"

三跪九叩，你跟我讨价还价！现在竟然还想设什么办事处，开放沿海做生意，没门！

于是，他就没好气地说："我们大中华，物产丰富，什么好东西没有！需要跟你们做生意？喝完我的寿酒赶快走吧！"说完，乾隆招呼也没打就走了。

碰了一鼻子灰的马噶尔尼，不久就起程回国了。这次到中国出差，虽然没有完成领导交给的任务，但他知道了中国的虚实，一路上搜集了很多关于中国的情报，为以后英国侵略中国做了铺垫。

向历史借智慧

要虚心向人家学习

清朝中期，西方国家发展很快，而清政府和人民还在所谓盛世中昏睡，这段历史今天读来，真是很受伤啊。在这个世界上，没有谁是事事通，总会有自己不会或不懂的东西。这个时候，为了所谓的面子，有人就向南郭先生学习，不懂装懂，混在人堆里滥竽充数。这样做，只能使自己与别人的差距越来越大，等到自己后悔想改时，已经来不及了。

“诗歌控”乾隆

乾隆不但是中国最能活的皇帝，也是诗歌最高产的皇帝，他一生写了四万多首诗，内容几乎将世间万物一网打尽。在他面前，“诗歌大王”陆游老先生都感觉压力很大。乾隆老爷子写诗的精神头是有，但才学和诗的质量真的很一般。

有一年冬天，乾隆皇帝带着一大帮人去西湖游玩，正好下雪了，雪花迎风飞舞，非常有诗意。“大诗人”乾隆忍不住诗兴大发，张口就来：“一片一片又一片。”大家听了纷纷鼓掌，大声叫好。都说皇上是文曲星下凡，满腹的才学想捂都捂不住！

听了马屁精们的热烈称赞，乾隆很是开心，于是他乘胜追击：“三片四片五六片。”

这下，大家可就有点摸不着北了，心想，皇上您老人家怎么就揪住“片”不放了，您是作诗，又不是做“片儿汤”。这样作诗，小孩也会呀！但谁也不敢说真话，继续拍手叫好。

看到大家好评如潮，乾隆皇帝一鼓作气，又来一句：“七片

庙堂真相

沈德潜的官司

沈德潜（1673—1769），乾隆皇帝最宠爱的诗歌同道，据说乾隆的很多大作，都由他代笔或者润色。老沈同志一生位极人臣，活了九十七岁，乾隆亲赐“天子门生更故人”。但就是这位老朋友，生前光荣，死后却遭到了严厉处分。原来，老沈的好些诗作被署名乾隆，老沈自然不敢声张，但却悄悄把这些诗归入自己的诗集里。老沈死后，家人整理遗稿，乾隆一看，这老沈竟然如此糊涂，想跟我争版权呢！于是他找了个借口，撤销了老沈的所有荣誉，推碑平坟。

八片九十片。”

这句一念出来，大家傻眼了，难道这位爷是在数数呀？莫非还会来句“百片千片万万片”？这能叫诗吗？

但乾隆皇帝写到这儿还真没有继续数片，他倒沉默了起来。身边的有些大臣就知道，老爷子这是卡壳了。

就在这冷场的关键时刻，一位有点才学的大臣挺身而出，准备完成这个半拉子工程。只见他上前一步跪下来，说：“皇上的诗，前三句写得太绝了，以至于都没法收尾，现在我关公面前耍大刀，就为您老人家做第四句吧！”正憋得脸都有点发白的乾隆当然批准了。

于是，那位大臣说：“飞入梅花都不见。”这个扫尾工程完成得很漂亮，一下子提升了全诗的品位，乾隆也很满意。于是，他就给了那位大臣一件貂皮大衣，但是，诗的著作权得归乾隆所有。

除了上面的那位大臣外，大才子纪晓岚也跟乾隆合作过。

有一次，乾隆皇帝带着纪晓岚出去遛大街。在一家酒楼喝酒时，看到有一户人家正在迎娶新娘，乾隆诗瘾又犯了，于是他就站起身，摇头晃脑说：“楼下锣鼓响叮咚，新娘羞坐花轿中。今日洞房花

野史秘闻

乾隆乱解诗

汉臣胡中藻有诗句“又降一世夏秋冬”，乾隆说这是在隐喻清朝传三世以后至乾隆时“又降一世”。“一把心肠论浊清”，乾隆说这是在骂清朝污浊。“三才生后生今日”，乾隆说这是骂他在三才（天、地、人）之后，连人才都不如。因此，胡中藻被灭族。

烛夜……”吟到这里，他又卡壳了。

于是，他就对纪晓岚说：“老纪，我已经写了三句，就差最后一句。平时大家都夸你有学问，今天我就看看是真是假。第四句你来接，接得好，回头我赏你一百两银子！”

纪大才子心想，拉倒吧！诗写不出来，尽整些没用的。但人家是领导，诗还得接。于是，第四句他续上：“玉簪剔破海棠红。”

乾隆一听，不错，心想自己又完成了一首好诗。

乾隆不但玩高雅，俗起来也够可以的。有一次，傍晚的时候，乾隆正在圆明园游玩，突然一只野猪出现在他的面前。这野猪胆不小，见着皇帝老子也不怕，照样乐陶陶地吃它的草。猪没反应，人家乾隆的诗兴可又来了，随口来了一句“夕阳芳草见游猪”。把猪写进诗里，乾隆是第一个。

看见乾隆写的这些“打油诗”，有些大臣实在受不了。其中有位汉族大臣就劝乾隆：“我说皇上，您的专业是行政，所以这方面肯定干得好。至于写诗，由于您是业余，说句实在话，质量不高！所以，依我说，您还是回归本行吧！写诗，费力不讨好，就别弄了。好不好？”

野史秘闻

一双好手不会要钱

宰相王杰个子不高，表面上看很和蔼，实际上很耿直坚毅。他刚到军机处时，和珅势力正如日中天，王杰看不惯，就不跟和珅交往。在一起开会时，王杰也坐得离和珅很远。和珅问他话，他只是漫不经心地回答。有一天，和珅拉着王杰的手，讨好地说：“状元宰相这双手就是好啊！”王杰回答：“我的手虽然好，但是不会向别人要钱。”

乾隆也不傻，知道人家在埋汰他，但他也知道自己有几斤几两，就回答说："孔夫子不是说过吗，明明知道做不了，但自己还是要做（知其不可而为之）。我现在就是这样，我就喜欢文学，喜欢诗歌。我也知道自己天分不高，但就想写，这没办法。"那位大臣听后，也只能摇摇头。

于是，就诞生了中国历史上第一位"诗歌控"皇帝乾隆。

向历史借智慧

没金刚钻就别揽瓷器活

大家都知道，自己喜欢的事，不一定有能力去做。就像谁都想做董事长、总经理，可有几个人有那个能力？就算勉强把你捧上去，做不了你自己还不是得自动下来。所以，没金刚钻咱就不要瞎揽什么瓷器活，赶快干点能干的事才是正经。

学习笔记

第三章　内忧外患从此始

乾隆后期，古老的帝国开始走下坡路。到了嘉庆、道光、咸丰当政的时期，贪官污吏横行，人民生活在水深火热之中，各地农民起义此起彼伏，其中太平天国起义给予统治者的打击最大。

但更严重的是，已经内忧不断的帝国，还要面临一个新的难题。此时的西方世界经过工业革命，开始在世界各地疯狂地攫取原材料和抢占贸易市场。庞大而又落后的大清国，成了他们眼中的肥肉。

和珅跌倒，嘉庆吃饱

公元1799年（嘉庆四年），八十九岁的老寿星乾隆，在新春的正月初三走完了他的人生。

给他送终的人当中，有两个人表情比较怪异。一个是非常恐惧、吓得要死，但却要装出很镇静的样子，这个人是和珅；一个是非常快活、乐得要疯，但却要装出很悲苦的样子，这个人是嘉庆皇帝。其他跪在乾隆灵前的皇亲国戚、文官武将，将这一君一臣的表演看在眼里，记在心里，都估计会有一场好戏可看。但让他们没有料到的是，连上场的锣鼓都没敲，戏就开演了。

嘉庆哭过他老子乾隆后，抹了抹眼泪，把鼻涕用手巾擦了擦，然后用平静、冷漠的眼光看着和珅，阴阴地说了一句："和大人，等一下你就不要走了，给老爷子守灵吧！老爷子对你的恩情，不用说你也明白。这是你该做的。"听完这话，老和的心是凉透了，知道自己这回算是完了。这个时候，他剩下的只有悔恨，心想，嘉庆，你这兔崽子，以前跟我装孙子，现在老头子死了，就拿我开刀。

庙堂真相

活到老、工作到老

1796年，做了整整六十年皇帝的乾隆，终于决定退休，传位给三十六岁的儿子嘉庆，自己做了太上皇，此时，乾隆已经八十多岁。三年后，乾隆去世。清朝先后有两位皇帝，都是在任上做了超长的时间，害得儿子们等得焦急。一位是乾隆，还有一位是乾隆的爷爷康熙，康熙八岁即位，一直在皇帝任上奋斗了六十一年。一口气就干了这么多年，这样的皇帝能保证治理好国家吗？

早知这样，我就该劝你老爹废了你。不然的话，哪还轮得到你小子在老子头上撒尿？

嘉庆看着有点茫然的和珅，知道他在心里骂自己，更知道他在后悔没先下手为强。因此，嘉庆也在心里回答和珅：阁下，除非你有办法让老头子还阳，否则，你死定了！

没过多久，人都走光了，就剩孤零零的和珅陪着棺材里的乾隆。

和珅在灵堂里是悔恨加害怕，一夜都没合上眼。当天开始蒙蒙亮的时候，和珅实在熬不住，就想眯会儿。可还没等他把眼睛合上，灵堂外就急匆匆来了个太监，而且还带了很多兵。一走进灵堂，太监就高声喊："罪臣和珅接旨。"和珅颤抖着说："罪臣——和珅接旨，吾皇万岁——万岁——万万岁！"太监又继续用公鸭嗓子读圣旨："和珅仗着有老爷子为他撑腰，胡作非为，大捞特捞。他的这种行为，严重破坏了政府的廉政建设，以及国家的经济发展。为了肃清官场风气，警示其他人，现宣布：第一，免去和珅的一切政府职务（军机大臣和九门提督）；第二，和珅继续在灵堂守灵，没有指示不得随便进出。"

等乾隆下葬的时候，和珅就被关进了大牢。当所有的丧事都

名臣风骨

苏州鸡肉贵，想吃回河南

大学士汤斌，为官清廉，生活节俭。一天，汤斌发现厨房账簿上记着：买鸡两只。汤斌大吃一惊，心想自己连肉都没吃过，何况鸡！一追问，原来是儿子让厨房的人买的。汤斌立刻叫来儿子，骂他："你不知道苏州的鸡，比河南的鸡要贵很多吗？想吃鸡，回河南去！"并罚儿子跪在地上读《朱子家语》。汤斌做官多年，不置家产，所有的只是满满一车书。汤斌死后，谥号"文正"。

办完后，嘉庆准备送和大人上西天。最早是准备把和珅千刀万剐了，可嘉庆他妹（也就是和珅的儿媳妇）哭哭啼啼，硬要哥哥给他公公留一个全尸。嘉庆没办法，只好让和珅自杀。

和珅死后，嘉庆趁热打铁又抄了他的家。不抄不要紧，一抄吓一跳。嘉庆竟然从老和家里抄出了八亿两白银，那可是国家二十年的收入。嘉庆心想，好你个老和头！你胃口这么大，超出我的想象。国库没几个子，原来都进你兜里了。行！现在物归原主。嘉庆把和珅的家当全部收归国有。

因此，后来民间就有“和珅跌倒，嘉庆吃饱”的说法。

向历史借智慧

人心不可太贪

在一个物欲横流的社会，有些人的欲望永无止境：开上了奥迪，又觉得还是劳斯莱斯拉风。过上了小康的生活，又想着要过亿万富豪的日子。娶了一个漂亮的老婆，还想像古代那样拥有三妻四妾。当了高官，还想发财。于是，这些人为了达到自己的目的，就不择手段地谋取，最终落得个人财两空。

洪亮吉案

洪亮吉，江苏常州人，从小家里穷，老爹死得早。但他读书很用功，在乾隆晚期的进士考试中，他竟然获得第二名（榜眼）。

从此，洪亮吉做起了官。1796年（嘉庆元年），在地方上混了几年后，洪亮吉被刚当上皇上的嘉庆调到了朝廷。

洪亮吉也许是从小给磨炼的，性子直，骨头硬，喜欢提意见，但他提意见就像吃了炮仗似的，呛得人难受。当了大臣后，他也是那个脾气，而且洪亮吉还喜欢谈论一些敏感话题，结果，弄得领导和同事都很不高兴，看见他都躲着走。他自己也憋屈，觉得没人理解自己，满腹才学不能施展。

正当老洪闷闷不乐的时候，嘉庆突然下诏求言，号召各级官员向政府建言献策。这下老洪乐坏了，心想终于逮着说话的机会了。于是，他洋洋洒洒就写下了几千字的意见书。

主要内容如下：皇帝您想治理好国家的愿望是有的，而且也很着急，全国老百姓想过小康生活的念头更是强烈，但是，皇帝

庙堂真相

赐越南国名

1802年年底，安南新国王阮福映上台，向清政府请求改国号"安南"为"南越"。嘉庆皇帝接到报告后，召集群臣商量，大家说，南越国历史上就有过，阮国王想把安南改成南越，不妥呀。于是驳回请求，但阮国王不死心，继续给皇帝打报告，嘉庆灵机一动，把"南越"颠倒了一下，变成"越南"。于是越南这国名，就一直用到今天。国王阮福映，就是越南历史上著名的嘉隆帝。

您老人家忙活了几个月，国家的形势是外甥打灯笼——照旧（照舅）。为什么呢？我认为有这么几个原因：第一，你不如你爸乾隆、你爷雍正勤奋，国家这么多事，你还有心情接近娱乐圈的女明星？你还得加油。第二，任命干部还是和珅当权时的那一套，谁当权，谁家亲戚朋友就当大官。官场的风气非常差。虽然你也想整治整治，但你性格太软弱，效果很差。第三，你奖罚没到位，该罚的不罚，该奖的不奖。开展“献言”运动也只是作秀，没真想听意见。总而言之，国家在走下坡路，你得负全部的领导责任。

嘉庆看到这个意见书，肺都气炸了，心想，我一天到晚勤勤恳恳工作，对你们也是慈眉善目，到你老洪这儿，我倒成了懒惰虫、软瓜蛋，太不拿豆包当干粮了！而且我什么时候与女明星见面了？老洪啊老洪！今天不把你治趴下，这皇帝我还不干了。于是嘉庆马上派人把老洪抓了起来，第二天就召开了公审大会。在庭审现场，法官们表情严肃地端坐着，法警们手持木棍像要吃人一般，各种整人的玩意也摆了一地，而老洪像个猴子似的被提拉上来。这时，一位公公迈着八字步慢悠悠地走上法庭，用公鸭嗓子大声喊：“皇上有旨！”所有官员立即面向紫禁城低首含腰。那名公公接着不

名臣风骨

不许作诗，不许饮酒

洪亮吉（1746—1809），著名文学家，阳湖（今江苏常州）人。1799 年，因上书攻击领导事件被流放伊犁。第二年，嘉庆皇帝认识到了自己的错误，感叹说自从把洪亮吉流放后，就再也没人敢说话了，于是撤销了对洪亮吉的处分，放他回家。据说在洪亮吉流放期间，嘉庆还写信给伊犁将军，让他关照一下洪亮吉，嘱咐洪亮吉“不许作诗，不许饮酒”，作诗容易惹事，饮酒就容易作诗。嘉庆这领导，还真有意思。

死不活地说："皇上说了，洪亮吉是读书人，身板不结实，就不要太为难他了！"听完这话，老洪感动得眼泪止不住地流。

虽然不用刑了，但案子还是要审清楚的。主审官问，你这样攻击皇上，到底是何居心啊！洪亮吉说："就是老百姓也可以向政府反映情况嘛，何况我还是个朝廷命官？"接着主审官又问他，你说皇帝不勤快，下班后接近"娱乐圈女明星"的事，根据是什么？洪亮吉回答得更是干脆："这个我认罪，都是我瞎编的。"

最后问他，你说咱们大清朝的官贪污腐败，到底是谁贪污腐败了？你给说出姓名。这个问题问得很刁钻，但洪亮吉却大声地说："谁贪污受贿谁知道，要说具体有谁，满天下的贪官我数得过来吗？"主审官一拍惊堂木，说："大胆！你不知道是谁，还敢胡说？"

最后，给老洪判了个死刑，并立即执行（斩立决）。但领导嘉庆还算是个厚道人，认为为了自己的面子问题，杀个好人不值得，就把老洪的死刑改为流放。

向历史借智慧

做事要讲究方法

好的做事方法，可以事半功倍；坏的做事方法，那是事倍功半。坏的做事方法，有时候不单单是效率不高，有可能还会让事情走向反面。就像有些人，本来人也不错，提的建议也梃好，可就是说话不知道转弯、太直，弄得领导下不了台，结果不但建议不被采纳，自己的好心也成了驴肝肺。

天理教徒大闹紫禁城

乾隆、嘉庆年间，在北京、山东、河南、河北一带，由于土豪劣绅的强买，很多农民失去了土地，再加上官府的剥削和压榨，农民的日子过得是水深火热。所以，很多人就加入了地下组织“天理教”。

天理教为白莲教的一支，也叫“八卦教”。他们的口头禅是“真空家乡，无生老母”。信奉的是“三极说”，即认为世界的发展经历过去、现在、未来三个时期，“过去”称无极，“现在”称太极，“未来”称皇极。其实，这些都是幌子，他们的真正目的是要推翻清朝的残暴统治。

1812—1813年，华北地区发生了严重的自然灾害，没饭吃的老百姓武装暴动的情绪是越来越高。于是，天理教北京地区的负责人林清决定攻打紫禁城。

林清坐镇大兴宋家庄指挥，具体的行动由其他人领导。嘉庆十八年（1813年）十月八日清晨，天理教大约一百个兄弟打扮成

野史秘闻

曹丞相和董太师

曹丞相叫曹振镛，董太师叫董诰，都是嘉庆、道光时期的大官。林清事件爆发时，嘉庆皇帝和一帮官员正在热河行宫度假呢，有人说，皇帝这会儿可不能回京，不如先在这里观望一下事态发展。董诰一听就哭了，说皇上您一定要赶紧回去主持大局啊。比较奇怪的是曹振镛，回不回，他不表态，该怎么办，他不说话。曹振镛一向奉行“多磕头，少说话”，有“庸碌”之名。于是有人就编了一副对联，记录二位的表现：“庸庸碌碌曹丞相，哭哭啼啼董太师。”

小商贩，挑着柿子筐，来到紫禁城下。

到紫禁城后，他们兵分两路，一路攻打东华门，一路攻打西华门。

攻打东华门的起义军士兵，还没开始战斗，就在东华门前与往宫里送煤的人发生了冲突。在较劲过程中，一位士兵藏着的刀不小心掉在地上，“当”的一声响，送煤的吓得就叫了起来。守门的清兵一见这个情况，急忙要关大门。天理教的兄弟们见势不妙，连忙把筐子里的刀掏了出来，呼啦啦就往门里冲。但这时，大门已经关得差不多，几十个兄弟就进去了五六个人，其他的只好单独行动。

冲进宫的那五六个兄弟毫不畏惧，在已联系好的太监的带领下，在里面与清军展开了顽强的战斗。

攻打西华门的队伍很顺利，几十个兄弟全部打进了紫禁城。在太监的带领下，他们举着“大明天顺”的旗子，一直打到皇帝的办公室养心殿。

这下可把那些贵人吓坏了，一个个争先恐后地去逃命。这个时候，还是个普通皇子的道光倒还比较有种。他站在养心殿门前，

社会风情

圆明园中买卖街

清朝时，圆明园福海东边有一条商业街，被称为“买卖街”，大小商店，旗帜招展，各色买卖，应有尽有。这其实不是真正的商业街，而是皇家的一个娱乐项目而已，店家、顾客各色人等都是由太监们装扮的，每当皇帝来时，就是这些人工作的时间。

拿鸟枪对着冲上来的教徒们，并且大声说，赶快放下武器，就放你们一条生路，不然的话，统统灭三族。可起义者们根本就没把他的话当回事，义无反顾地向养心殿冲去，其中一个人还试图把手中的刀抛向道光，但手还没有抬起来，就被道光一枪打死。这时他旁边的一个人，又想跑过去跟道光拼命，又被道光一枪打死。后来，清兵又调来了鸟枪队和长矛队，起义者没办法，只好撤退。清兵随即对起义者进行了追杀。

最后，由于人手和装备相差太大，起义军被杀的杀、逃的逃，行动以失败告终。在宋家庄等消息的林清由于叛徒的出卖，后来也被抓获并处死。

这次起义虽然没有成功，但狠狠地打击了统治者的嚣张气焰。紫禁城的神话也破灭了。所以后来，嘉庆感慨地说："从来未有事，竟出大清朝。"

向历史借智慧

人做事得有点胆量

很多事情，大部分人都能想得到，但有胆量去尝试的人很少。所以，只有少数人能成为牛人，绝大多数人只能默默无闻。第一个吃螃蟹的人，对于螃蟹双钳的厉害肯定也知道，但别人不敢碰，他却勇敢地伸出了双手。所以，他也第一个尝到了螃蟹的美味。我们做事，道理其实也一样，想得到，就要试着去做。天上掉馅饼，那只是个传说。

嘉庆之死

公元1819年的一个夜晚，北京城里张灯结彩、喜气洋洋。从圆明园到西直门总共设了十三个念经的台子，一些和尚和喇嘛在上面叽里呱啦，念个不停，好像是在给谁祈福。

哦！原来是嘉庆皇帝的六十大寿。为了给他老人家"增加寿命"，马屁精们请来了这些和尚、喇嘛。他们心想，反正花的是国家的钱，这马屁不拍白不拍。如来的弟子们出场费可不低，每个台子都要一千两银子。被和尚们宰了一把，勤俭的嘉庆很心痛。因为这件事，他还亲自做了个指示说，等我过七十大寿的时候，谁再说请和尚，谁就给我掏出场费！

但嘉庆不知道的是，他哪里还过得了七十大寿，第二年就得去阴间见他的老爹乾隆。

1820年，感觉身子骨不错的嘉庆，准备去承德木兰围场打猎。打猎的季节，恰好是北方的金秋时节。蓝蓝的天，白白的云，田里的庄稼风一吹，翻滚起来就像金色的波浪，微凉的秋风吹来，

庙堂真相

洋鬼子进城了

1808年，广东水面突然来了十多艘英国军舰，其中三艘停在广州黄埔。两广总督派人去交涉，要求其迅速开走，结果交涉无效，英国军舰停了四个月才开走。嘉庆皇帝一愤怒，将两广总督发配伊犁。1814年，嘉庆又下令，严禁中国人帮洋鬼子做事，禁止洋建筑、洋文字。1816年，英国使臣亚墨尔斯到北京请求皇帝接见，因为礼仪问题而搁浅，嘉庆皇帝又生了一回闷气。

让人神清气爽。一路上，嘉庆尽情地感受着这一切，心情非常愉快。

可还没过多久，嘉庆的身体就有点不妙，他感到头晕、头痛，浑身都不舒服，于是叫来全程陪护的太医院专家。专家说没事，只是有点感冒，注意休息一下就行。嘉庆见专家都说没事了，也就没把这点毛病放在心上。

于是皇家打猎队继续前进。不知不觉来到了一个好地方，只见四面是青青的群山，中间却有一块开阔的平地。嘉庆帝一时心血来潮，本来因为身体不舒服坐轿的他，却说要在这儿进行一场马术表演。大家一看，连忙上去劝阻说，皇上，您的骑马技术咱都见识过，很高！现在您身体不舒服就别表演了。再说您都过六十了，万一摔着碰着，那可不是闹着玩的。

可大家越这么说，嘉庆越不服老。他心想，不完成这次骑马表演，我还不走了！皇帝要坚持，大家也没辙。于是，管马的官员牵来了嘉庆的专用马。嘉庆拍拍马屁股，一翻身就想跃上马背，可毕竟年纪大了，身体不舒服，没坐在马鞍上，倒坐在了马屁股上，差点没溜下来。

可这时，嘉庆心想，关键时刻可不能让人笑话。他连忙坐到

野史秘闻

状元拍马屁

状元李绍仿，中榜时赶上皇帝过生日，嘉庆让大臣们写副对联。在众多珠玉之词中，嘉庆一眼相中了李绍仿的，他写的是："顺泰康宁雍然乾德嘉千古，治平熙世正是隆恩庆万年。"合在一起，正好嵌上了"顺治""康熙""雍正""乾隆""嘉庆"五朝皇帝的年号。对联的意思是清王朝世世代代国泰民安、国运昌盛，清代帝王们名扬千古、流芳万年！

马鞍上，定了定神，然后一抖缰绳，就飞奔起来。可跑了不到一圈，他老人家就大汗淋漓，心脏狂跳不止，脑袋里也开始天旋地转起来。这个时候，嘉庆也顾不得什么面子问题了，急忙终止了自己的表演，然后下了马，躺轿子里去了。可惜晚了，这次冲动行为，使他跟他老爸乾隆在阴间会面的时间又提前了。

公元1820年9月2日，嘉庆将在承德避暑山庄度过他人生旅途中的最后一天。清晨五点，被病折腾得一夜没安生的嘉庆，又强打精神开始了他的工作。快到中午的时候，一些大臣过来汇报工作，他们见嘉庆冒虚汗，脸色发白，拿笔的手抖个不停，就连忙劝嘉庆说，皇上，你不能再坚持了，赶快休息吧！

这一劝，嘉庆自己也感觉支撑不住，于是在太监的搀扶下上床休息，结果一躺下就陷入了昏迷状态。晚上七点钟的时候，避暑山庄的某个宫殿，响起了一片哭声，勤奋节俭却又才能平庸的嘉庆，走完了他的人生，终年六十一岁。接着他的儿子即位，史称道光皇帝。

向历史借智慧

不行就别坚持

有些人好面子，那是出了名的。可好面子是把双刃剑，说得好听点那是有尊严、有骨气，说得不好听那就是死要面子、活受罪。比如有些人交女朋友，为了讨女生的欢心，明明自己兜里没几毛钱，可非得充大款，给女生买东西啥都是名牌。等钱花光了，剩下的日子天天喝稀粥啃馒头，最后搞得营养严重不良。还有些人，工作自己做不来，还硬撑着不求人，最后工作搞砸了，自己的饭碗也砸了。其实仔细想想，这是何必呢！

道光皇帝的节俭癖

说句实在话，道光皇帝节俭癖的形成，固然有他自己天生性格方面的原因，但更是拜他爷爷乾隆所赐。乾隆时期虽挣了不少钱，但好大喜功、喜爱风花雪月的乾隆更会花钱，到了乾隆晚期，国库已没剩几个铜钱了。等到他孙子道光做皇帝，国家内有不断兴起的农民起义，外有西方列强不断的挑衅侵略，要解决这些问题都得花银子，可国库已空空如也。道光一想，这还有什么办法，省吧！于是从宫内到宫外刮起一股艰苦朴素、勤俭节约的新生活运动。

首先，道光皇帝发布了一道勤俭节约的宣言——《御制声色货利谕》，其中着重阐述了节俭的重大意义和远大目标，也号召广大人民积极响应自己的倡议。

道光皇帝还真不是一个只忽悠别人的主儿。他用的笔墨纸砚等办公用具都是大路货，一日三餐只有四个菜，身上的衣服除了龙袍，都是打满了补丁。后宫中，自皇后以下都不能浓妆艳抹、

庙堂真相

曹振镛教坏道光帝

道光帝嫌奏折太多批不过来，曹振镛就出了个馊主意，他说：现在天下太平，百姓日子好得很，但有些官员就是爱危言耸听，以此来迎合群众，满足虚荣。对付这种人该怎么办呢？要是处分他们吧，人就会说皇上您听不进逆耳忠言；要是任由他们胡闹，皇上您这儿就难有宁日。我建议，奏折不必都看，抓住奏折上的小错误，严厉地批评，这样一来，官员们就会慑于您的明察秋毫，而不敢随便上奏折了。道光一听，于是马上采用。

穿红着绿，肉也得逢年过节才能吃到，这显然是要向尼姑看齐嘛。小老婆们要节俭，大老婆也不例外。

有一次，道光破例为皇后举行了一个生日宴会。本来道光规定了自己和皇后的生日都不举办生日宴会，但由于皇后人太好，跟着自己粗茶淡饭从无怨言，所以道光就破了一次例。

皇后要过生日，那文武百官想这个机会肯定不能放过，于是就纷纷进宫来祝贺皇后的生日。按规矩祝完寿后，大家都得留下来吃饭。大臣们一个个坐在座位上，心想这次应该来对了，皇上给自己敬重的皇后过生日，总该炒两个好菜吧！可当开饭的时候，所有人都傻了眼，每个人面前摆上了一碗打卤面。而且皇帝还说了，赶快趁热吃吧！这还是他特意吩咐御膳房宰了两只大肥猪，不然大家还吃不着带荤的面呢！大臣们此时已是饥肠辘辘，心想打卤面里面不还有荤油和肉末嘛，赶快吃吧！一会就怕打卤面都吃不着。于是每个人把面都吃了个精光。这场皇后的生日宴会算是被道光忽悠过去了。

道光苦自己的行为，绝不是一个人在战斗，武英殿大学士曹振镛就是他的一个志同道合者。道光很看重他，经常叫他来宫中

名臣风骨

粗布衣服买不起

阎敬铭是清代官员中的理财能手，某年他在地方任职，也一心提倡节俭，反对奢侈，提倡粗布衣服，反对丝绸衣服。上行下效，大家都流行穿粗布衣裳，连带着粗布价格暴涨。一次，一个候补知县来见他，穿得光光鲜鲜的，阎敬铭一看，就给他脸色，说你这样子太不艰苦朴素了，怎么做老百姓的榜样啊？知县幽幽地回了一句：我都候补了好几年了，积蓄花得差不多了，余下的钱也只够我买这身衣服，那些粗布衣服，我是真的买不起呀！

探讨节约心得。

有一天，曹学士又被道光叫进宫。道光把自己面前穿着破套裤的曹学士仔细打量了一番，他每次都得做这番功课。不经意间道光看见了曹学士两个膝盖前崭新的补丁，他突然好像想起了什么事，便顺嘴问了曹振镛一句："老曹啊！你这两个补丁花了多少钱？"

曹振镛连忙回答说花了三钱银子。这下道光大为惊讶，他对曹振镛说，内务府那帮兔崽子给他补同样的两个补丁却报告说花了五两银子，这可翻了十几倍，买个新的都够了。其实身在深宫、不知柴米油盐的皇上哪里知道，借着他勤俭节约的幌子，替他打点家务的内务府可黑了不止这区区五两银子。

听道光这么一说，对于颇有权势的内务府，老曹哪敢说被他们贪污了，就连忙对皇上说，您老人家的补丁怎么能跟我们这些人比呢？它打得考究。

想节俭，却被宰了肥羊，道光很是生气，却也拿内务府那帮周扒皮没办法，总不能堂堂一国之君上街买菜缝衣吧！于是从此以后，他就命令所有的老婆都得学会针线活，衣服破了自己缝，

庙堂真相

清朝七"文正"

终清一代，官员谥号"文正"的有七个人。他们是汤斌、朱珪、曹振镛、杜受田、曾国藩、李鸿藻和孙家鼐。这七个人中，汤斌创新了理学，朱珪学问渊博，曾国藩为国家建立了功业。这三个人都无可厚非。杜受田、李鸿藻和孙家鼐都是皇帝的老师，一生也没有大的过错。唯有曹振镛，骂者最多，说他不文不正，堵塞言路，报喜不报忧，差点导致清朝灭于太平天国。

让内务府那帮老油条一分钱也捞不着。

有老曹这样的本性如此者，但更多的是逢迎拍马的冒牌货，满族军机大臣穆彰阿便是其中之一。在道光面前，平时他装得跟乞丐一般模样，骨子里却极其奢侈、贪婪。

有一次，皇太后过大寿，道光为了省钱就想从大臣们身上刮点，但又不好意思直接说，就假模假样地说，太后过大寿，咱们也不要瞎折腾了，你们进宫给老佛爷磕个头就行，千万别带礼品，心意到了就行，我可没钱招待你们。

马屁行中的高手穆彰阿马上就领会了皇上的意思，他就带头对道光说，皇太后过大寿，我们做臣子的怎能不孝敬点东西呢？我们知道现在国家经济困难，但大家可以一起凑嘛！

道光听后，心中大喜，马上成立了皇太后过大寿筹备处，任命老穆为筹备处主任。从此他这个主任就四处向官员要钱，起步价一百两，高官三五十万两不等。筹到最后，皇太后大寿的酒菜钱是有了，他老穆也捞了一百万两。

作伪者可不止穆彰阿一个，满朝文武为了迎合皇上的意思，没旧衣服就把新的给铰成旧衣服，或者花高价上街专门去买旧的，

社会风情

官场经验

有人总结官场经验：“一曰红，二曰圆融，三曰路路通，四曰认识古董，五曰不怕大亏空，六曰围棋马吊中中，七曰梨园子弟殷勤奉，八曰衣服齐整言语从容，九曰主恩宪德满口常称颂，十曰座上客常满樽中酒不空。”意思是说，官场上，处事要圆通，衣冠穿戴要讲究，言语举止要看场合，还要会下棋打牌、鉴赏古董乃至熟悉娱乐圈，嘴巴要甜，“皇恩浩荡，官运亨通”之类要常挂在嘴边。

搞得京城一时旧衣服比新衣服还贵。

所以说，道光皇帝的种种节俭癖，只是饿瘦了自己和老婆孩子，没给国库增加一分钱，反而使许多人从中获得了腐败的机会，并造就了一帮阳奉阴违的伪君子。

向历史借智慧

捡了芝麻丢了西瓜

在日常的生活和工作中，有些人总做那种得不偿失的事。原因没有别的，就是眼皮子浅，只看眼前的利益，而看不到长远的东西，最终只能是捡了芝麻丢了西瓜。

林则徐的禁烟运动

清朝的中后期，万恶的洋鬼子为了赚中国的钱，竟无耻地向中国走私鸦片。一时间，不仅平头百姓吸食，一些将领和士兵也染上了鸦片瘾。鸦片之祸，祸国殃民，国家的白银也是哗哗地往外流。

看到这种情况，湖广总督林则徐坐不住了。他上书道光说："不把洋鬼子的鸦片给打掉，只怕十年后，国家就得成空壳公司，一分钱也没有。士兵也一个个都是毫无战斗力的大烟鬼。"

道光皇帝听老林这么一说，自己想想也觉得挺害怕。于是，他就任命林则徐做查办鸦片的全权代表（钦差大臣），并马上去广州主持工作。

林则徐知道，洋鬼子能疯狂地走私鸦片，广东方面肯定有内鬼，要想打击海外毒品走私集团，就先得揪出内奸。于是，老林会见了广东方面相关的负责人，要他们配合这次中央的打击毒品走私活动，并了解了一些腐败官员的情况。当一切准备就绪后，老林

社会风情

林则徐的通讯录

林则徐有四本通讯录，封面上分别写着"千""古""江""山"四个字。所谓"千"呢，就代表一撇，那么姓的第一笔是一撇的，比如"向"，就记在"千"字通讯录里。姓的第一笔是一横的，比如"王"，就记在"古"字通讯录里。姓的第一笔是一点的，比如"汪"，就记在"江"字通讯录里。姓的第一笔是一竖的，比如"贝"，就记在"山"字通讯录里。

马上采取了行动。

有一天，广东省的负责人告诉他的手下说，今天要开个紧急会议，于是大家就纷纷来到会议厅。可大家刚坐下，那位负责人就高声宣布："中央特派员林大人今天主持会议。"大家都感到很惊讶，心想，这么大的领导要来，怎么也不提前打个招呼？

他们这么一犯嘀咕，老林早已坐到了主席位上。他威严地扫视了一下下面，然后严厉地说："中央这次打击毒品走私的决心是很大的，我作为特派员也绝不会手软。我知道今天到场的，有洋鬼子的内线，如果你们能主动交代问题，还可以从轻处理，不然的话，就别怪我林某无情。"林则徐说完这句话，台下顿时议论纷纷，但就是没人站起来认罪。

林则徐见腐败分子们不动弹，就派士兵把他们从座位上直接带走。铲除了内奸，林则徐立即开始了对洋鬼子的行动。

林则徐命令洋鬼子三天内交出全部鸦片，不然的话，就要对他们的商务办事处（商馆）断水断电。可洋鬼子们一丁点鸦片也没交出。老林马上对他们的住所进行了封锁，饿得头昏眼花的洋鬼子，最后交出了一千箱来糊弄林则徐。

野史秘闻

清人不知天下形势

有个尚书感慨："天底下怎么还有这样的国家？今天叫英吉利，明天叫意大利，后天又叫瑞典。这样糊弄中国。"还有人说："洋人说话不老实。英吉利应该是三个国家，现在却只有英国，吉国和利国就从来没有见过。"很多大臣甚至对本国事务也不了解。福建的官员到京城，有大臣问："造船厂已经建成二十多年了，还不能造船。还要向外国买，这不是很贵吗？"官员回答他："这几年打仗用的船，都是中国自己造的。"该人才知道，原来中国早已会造船了。

林则徐一看，知道鬼子们这是受不了了，所以才拿出点鸦片来忽悠自己，要想让洋鬼子们服软，还得加大打击的力度。于是他大声对洋鬼子说，就拿这些，你忽悠小孩呢？再不交，我可就要采取逮捕行动了。你们犯下的罪行，按中国的法律，杀一千次也不过分。

看到林则徐态度这么坚决，他们打起了歪主意。到了晚上，他们派人抬着一个箱子去了老林那儿。林则徐一看，就问他们："你们想干什么？来交鸦片就抬来一箱？开什么玩笑！"

洋鬼子连忙摇摇头，说："No！ No！ No！鹅（我）们呆（带）来了好东西！"说完就打开了箱子，原来里面全是白花花的银子。林则徐一看，肺都气炸了，他一拍桌子，怒不可遏地说："赶快带着你们的箱子给我滚出去，别弄脏了我的屋子。"洋鬼子们吓得一溜烟地跑了。

最后，饿得快咽气的洋鬼子们没办法，只好交出了全部的鸦片。

1839 年 6 月 3 日的清晨，广州军民像过节似的涌向虎门海滩，因为今天林则徐要把缴来的鸦片，全部进行销毁。海滩上早已挖好两个很大的水池，里面灌满了石灰水，随着林则徐的一声令下，

野史秘闻

用对联骂人的故事

道光时，有个姓乌的人在浙江当巡抚，官风不好，有人写了一副对联嘲讽他。对联是这样写的："毕生事业三书院，盖世功名一海塘。"后来，这个乌中丞到一个书院视察，正好看到很多学生抢着吃饭。乌中丞嘲笑说："好一群老鼠！"没过多久，有人在他办公桌上放了一张纸，上面写着："鼠无大小皆称鼠，龟有雌雄总姓乌。"乌中丞一看被人骂成乌龟王八，气得脸都绿了。

工作人员将全部的鸦片倒入水池。顿时，池子里就冒起了一股白烟，水也沸腾起来，鸦片算是彻底报废。然后林则徐命令打开闸门，将销毁的鸦片放入大海。

到这时，广州的禁烟运动算是取得了圆满的成功。

向历史借智慧

内部牢靠，堡垒就攻不破

堡垒最容易从内部攻破，这句话说得很对。从古至今，大到国家的灭亡，小到公司的破产，哪个不是从内部的分裂、窝里斗开始的？如果大家的心能拧成一股绳，敌人是没有办法找到突破口的。兄弟齐心，其利断金，一个组织如果能思想统一，谁能击败它？

奕山守广州

林则徐虎门销烟后，断了财路的英国洋鬼子于1840年发起了鸦片战争。清政府被英国侵略者的嚣张气焰吓破了胆，昏庸无能的道光帝不分青红皂白将抗战派林则徐撤了职，并派了一个软骨头来接替他的工作。

这位糊涂蛋官员上任后，一味讨好侵略者，将广州的海防设施全部撤掉，解散招来的民兵组织（渔民丁勇），使广州成了一个不设防的城市。但这一切，只能让侵略者得寸进尺，英国佬的攻击更加猛烈。

这位官员的卖国行为，引起了全国爱国人士的强烈不满，在大家的一致要求下，道光不得不撤了这位官员的职，重新派了他的堂侄子奕山来做广州方面的工作。

1841年3月，奕山到达广州。他死都不听林则徐恢复海防设施的建议，想跟英国鬼子来个速战速决，而且还说他已经找到了战胜敌人的“奇计”。

野史秘闻

夜跑取暖

《儒林外史》的作者吴敬梓，冬天晚上，寒气逼人，又没有酒食，于是约上好友五六人，乘着月色，出南门，绕城墙走数十里，歌吟啸呼，互相应和，一直走到天明，才大笑散去。夜夜如此，称之为“暖足”。

有一天，奕山命令各乡老、保甲搜集老百姓家的马桶，说他有妙用。当英国鬼子派军舰来攻打时，中国的水军驾着木筏靠近敌人的军舰，然后用瓢舀起装在船上的粪，就往鬼子的舰上泼。之所以会出现这种稀奇古怪的景观，那都是因为奕山听了他一个手下的话，认为粪可以使鬼子的军舰失灵。结果，除了把鬼子熏得个七荤八素外，他们的军舰照样能开。

这一次愚蠢的行动失败后，奕山又来了个疯狂的想法——派兵夜袭英军。可是当夜袭部队来到洋鬼子的军舰旁边时，却发现舰上灯火通明，洋鬼子的安保工作非常到位，根本没法下手。

带头的将领一想，这黑灯瞎火的，好不容易出来一趟，不能就这么走了，再说回去肯定也没法向奕山大人交差，可又不知道该干点啥。这时，他的一个手下就建议说，珠江上不是有很多渔民的船吗，鬼子的军舰咱动不了，可打渔民的船，那还不是小菜一碟？于是中国的大清水军，来到了渔民船边，大炮对着民船就是一顿猛轰。结果这帮畜生是“大获全胜”，渔民的血却染红了江面。

第二天，这帮毫无廉耻之心的家伙兴高采烈地去向奕山邀功，

野史秘闻

连老婆都敢不怕

咸丰、同治年间的名将张曜，大字不识一个，全靠妻子替他阅读公文，处理官府中事。有御史参奏他目不识丁，张曜被降职，气愤之下拜妻子为师，开始学习。学得不好时，妻子大骂他也不生气。后来担任山东巡抚，有一次和下属官员一起聊到他老婆。张曜不停夸赞老婆的能干，并且问其他人：“你们怕老婆吗？”有人回答：“不怕。”张曜严肃地说：“你好大胆，都敢不怕老婆！”

说什么夜袭很成功，战士们很勇敢，鬼子被打得满地找牙，他们的军舰也被我军报废了好几艘。奕山虽然糊涂，但不傻，他也知道这帮家伙在忽悠自己，但还是昧着良心向朝廷请了功。

这次夜袭，鬼子虽然毫发无损，但知道这件事后他们还是非常恼火，于是对广州城发动了更加猛烈的攻击。奕山这个时候正在衙门里，急得像只热锅上的蚂蚁。这时，一发炮弹落在了衙门的房顶上，震得瓦片是噼里啪啦往下掉，奕山下意识地就往桌子下面钻，好一会才敢出来。

缓了一口气后，他连忙吩咐他的手下说，赶快准备竹竿和白布。手下人就纳闷了，怯怯地问了一句，老爷，您要白布干啥呀？奕山没好气地回了一句，你傻呀！你没见洋鬼子的炮火多猛吗！再不低头，小命就保不住了。

于是，广州城头摇起了白旗，奕山向英国洋鬼子缴械投降，后来还自作主张与英国人签了丧权辱国的《广州和约》。

向历史借智慧

狂妄和无知是一对双胞胎

一个人狂妄，就会把谁也不放在眼里，认为“老子天下第一”，什么都能干，万事不用求人。这样下去，他只能变得越发无知，而无知又导致他更加狂妄。如此不停地循环，最后，这个世界上就会多出一个狂人和超级大笨蛋。

道光帝选接班人

道光晚年，长大成人的儿子只有两位，那就是老四奕詝（也就是后来的咸丰皇帝）和老六奕䜣。如果依汉人王朝的传统也许好办点：第一，看谁的妈是老爹的正牌老婆（皇后）。老四他妈是当过皇后，可死得早。道光马上又把老六的妈扶了正，人家可是在位的皇后。第二，看谁年纪大。按这规矩，那没话说，肯定是老四。

可是满族人不太一样，他们不注重这玩意儿，个人素质才是他们的第一考虑因素。所以，道光对于选谁做自己的接班人很是头痛。因为在他心目中，老四和老六这俩小子还都不错，但又各有一些不足之处。老四深沉仁慈，人也挺孝顺，但脑子好像有点不够使；小六子聪明能干，口才也好，但又缺了点稳当劲。这使他很难从中做出选择。

但接下来发生的两件事，打破了这种尴尬的局面。

道光二十六年（1846 年）四月十日，道光带自己两个心爱的

庙堂真相

一个好老师成就一个差学生

给四小子奕詝出主意，让他最终成功抢占皇位的这位老师，就是大名鼎鼎的杜受田先生。杜先生是山东滨州人，出身于官宦世家、书香门第，三十多岁开始在中央政府做官。本来在奕詝和奕䜣的竞争中，论才干、精力，奕䜣都有绝对优势，奕䜣就是晚清历史上最活跃的人物之一——恭亲王，堪称精干、开明。就是因为杜老师教导有方，结果奕詝生生把皇位从奕䜣的嘴边抢了过来。可见，一个好老师的确能成就一个差学生啊，为人师者不能不努力。

儿子去郊外打猎。小六子一到猎场，便率领自己的手下热火朝天地行动了起来。由于他会骑马，又会射箭，不一会就野猪、兔子打了一大堆。道光看见自己的小六子这么能干，心里非常高兴。可道光一看老四，就有点奇怪，老四和他的伙计们站在一边，像个木偶似的一动不动。道光就问，儿啊！为什么不动弹，是不是身体不舒服？

老四回答说："皇帝老爹，春天是万物复苏的时节，也是野兽怀孕的时候，如果我们这个时候杀死它们，老天会不高兴的。所以孩儿才没动手。"道光听了这话，脸上露出了笑容。原来，在走之前，老四的老师向他做了叮嘱，让他到了打猎的地方后，哪儿都别去，就待在老爹身边。而且手下也得规规矩矩站着，不许乱动。如果皇上提出疑问，就如此这般说。道光一直很信孔子的"仁"，老四的举动很对他的胃口，于是选接班人的天平，慢慢偏向了四小子这边。

不久道光就病倒了。有一天，躺在床上的道光就想再考考自己的两个儿子，于是就把四小子和小六子叫到了床前。道光有点吃力地问："假如有一天，老爹不在了，由你们俩中的一个当家，

庙堂真相

说满语的才是好同学

清朝有这么一条制度：凡是满族和蒙古族的官员向皇帝谢恩和请安的时候，都必须用满语说。道光年间，有位满族大员回京述职，向道光皇帝谢恩时说的是汉语，结果，道光龙颜大怒：混账！满语是满洲的根本，你谢恩都不说满语，这不是忘本吗？道光立即把他撤职，让他回家面壁思过。

你们想怎么做？”

小六子奕䜣本来就有点做事的才干，而且嘴巴也很会说。于是他就滔滔不绝，从古说到今，做了一场非常精彩的“演讲”。道光听后很是高兴。但轮到老四时，他却一句话也没说，只是趴在地上大声痛哭。这弄得道光有点不高兴，他就说：“好了！别哭了！我还没死呢，你就给我哭丧。赶快回答问题。”

一听老爹这么讲，四小子急忙哭着说：“皇帝老爹啊！您老人家误会儿子了。我只是一听您说自己不在了的话，做儿子的就非常难过。这时候儿子还能说什么？只有悲伤。”乖儿子的这句话让道光是老泪纵横。他心想，还是这四小子孝顺、有爱心啊，将来当了皇帝肯定也是一个好领导。

这次床前答辩过后，小六子算是彻底没戏了。1850 年初，道光帝去世，老四奕詝接班，史称咸丰皇帝。

向历史借智慧

聪明别露在外面

中国人和西方人不同，性格比较内向，所以大家一般都很谨慎谦虚，没老外那么张扬。物以类聚、人以群分，内向的人一般也喜欢内向的人。虽然现在国人比以前开放多了，但骨子里的东西没变，大家还是不太喜欢聪明外露的人，所以要想成功，最好还是低调点。

"秀才"造反

咸丰年间，广东的一位读书人洪秀全，考最低等级的秀才，考了两次都是名落孙山。他下定决心，豁出性命，第三次应考，结果老天又一次戏弄了他，他再一次失败。这次洪秀全的心理防线算是彻底崩溃了，他病倒了，躺在床上，饭也不愿吃，嘴里的气是出多进少，家里人都认为他不行了，买了棺材准备给他办丧事。

但奇怪的是这年冬季的一天，病得要死的洪先生却突然说要看书，大家心想，考试都考得没命了，还看书？但想想都是要死的人了，就答应他的要求吧！于是家人拿来考试参考书《四书精解》，可老洪一见这书，却疯了似的把它撕成了碎片，并且大声地说，我要基督教的普及读物《劝世良言》。大家没办法，只好又给他拿来了这本书。

这里得说一下，在清朝晚期，随着西方列强侵略的深入，西方的文化也开始在中国各地传播。基督教的传教士多如牛毛，连洪秀全居住的小地方也建起了教堂，一些传教的印刷品到处都有。

社会风情

人尽其才很重要

古代社会，年轻人出路窄，通往美好明天的路只有两条：官和商。经商要本钱，而且各朝多多少少都有重农抑商的传统；做官嘛，就得一步一步考上去，四十岁还在考举人的很平常。读书就是一项啃老的运动，当家底不是那么厚的时候，落第秀才的日子是很难熬的。所以唐朝有黄巢、清朝有洪秀全，这些科举失败者心怀不满，有志不得伸，便铤而走险，干起了造反的事业。所以说，人尽其才，大家都有饭吃，都有一份满意的工作，是社会和谐的重要条件。

有一次，洪秀全在大街上就拿到过免费小册子《劝世良言》，但那时候洪秀全只想着当官，根本没把这本书当回事。对科举考试已死心的他，这时才想起了这本书。

但别说，耶稣的那一套对老洪还真管用。经过一个冬天的研究，来年一个风和日丽的日子，洪秀全奇迹般地下床了。然后，他看见人就说，上帝其实有两个儿子，自己就是上帝的二儿子，耶稣是他的大哥。而且，以后他还写了几本关于基督教的专著，但他的思想掺入了中国的很多封建迷信。

自古以来，广东就是中国开展对外贸易的地方，思想比较开放。洪秀全不洋不土的那一套思想在广东没什么市场，于是老洪带着他的专著来到了广西。广西相对于广东来说信息闭塞，人民迷信思想比较重。在这里，老洪是如鱼得水，获得了不少忠实的粉丝，而且还成立了地下宗教组织“拜上帝会”。

1850 年，洪秀全觉得起义的时机到了。于是，他命令所有的拜上帝会成员到金田村开会，当会员到齐后，洪秀全先进行了一番演讲。他慷慨激昂地说，我们都是上帝的子女，所以大家都是平等的。可你们看看，官府的老爷们成天吃香的、喝辣的，我们

野史秘闻

太平天国乱点鸳鸯谱

太平天国一开始是一夫一妻制，提倡男女平等。但后来就开始搞特权，规定按级别来娶老婆，级别越高，老婆的数量越多。然后又把所有未婚的、守寡的女性都统一登记，小兵们到年龄要结婚了，就去婚姻所里登记，政府就会从待选女性名单中挑一个安排与他结婚。婚姻所一忙，就经常整出一些老头娶了十几岁的小姑娘、小伙子娶了五六十岁的老太太这种事情。也有不愿出嫁的女子，被逼婚时就自残自杀。还有一些姑娘，等了几十年就是没被安排到，嫁不出去。

却连口粥都喝不上。你们说这公平吗？

被他这么一鼓动，会员们的情绪也非常激动。大家都高声地喊，不公平！不公平！洪秀全最后又烧了一把火，问：那你们说该怎么办？

下面的会员于是又沸腾起来，纷纷大声喊：反了！

这个时候，洪秀全脸上露出了一丝笑容，心想，自己的动员效果不错嘛！

洪秀全在金田大搞“非法集会”，政府的有关部门当然不可能不知道，于是就派了军队前来镇压。可已经热血沸腾的会员们，这时哪还把几个士兵放在眼里。他们操起随身带着的锄头、长矛，就跟政府的军队干了起来。

平时老实巴交的老百姓发起了狠，把清军可吓得不轻，心想，这帮泥腿子是要玩命啊！三十六计，走为上计，咱还是跑吧！起义军赶跑了清军，并且乘机拿下了附近的永安县城。

于是，由此开始了中国历史上最后一次大规模的农民起义——太平天国起义。

向历史借智慧

有些事是逼出来的

人，如果生活得像封建财主一样，每天一桌子美味、几瓶五粮液，日子过得美滋滋，是不会有什么过激的想法的。可当他走投无路、哭叫无门的时候，就会做出一些吓你一跳的事。老实厚道的人会结果了自己，心思坏点的人就会去祸害别人。但是，也有逼出牛人的时候，朱元璋不就是这么出来的吗？

曾国藩跳鄱阳湖

公元1854年冬，一路镇压太平天国起义还算顺溜的曾国藩，率领自己的水师顺长江而下，直奔鄱阳湖湖口，准备拿下石达开镇守的九江城。刚开始很顺利，太平军布防在湖口的水军，很快就被曾国藩的湘军打败。

大获全胜的湘军，开始有点飘飘然。那些轻便的小船争先恐后地向鄱阳湖内开去，曾国藩乘着小船冲在最前面。但当小船全部进了湖时，载着粮草弹药的大船，却还在湖口外的长江水面上。这下，聪明的石达开看到了机会，他命令太平军马上封锁湖口，让湘军的大船和小船分离开来。

原来湘军水师是由大小不同的两类战船组成，大船叫“快蟹”“长龙”，比较笨重，船上配有重炮可以远程轰击，但主要功能还是为小船提供弹药和粮草；小船叫“三板”“四板”，没有篷盖，每艘船有二十多把桨、三五尊小炮，驾驶灵活、速度快，是主要的作战力量。这两类战船只能互相配合作战而不能分离。

名臣风骨

梅花香自苦寒来

从1853年组建湘军开始，到完成曾国藩一生的最大功绩——消灭太平天国政权，十多年间，曾国藩可谓是吃尽苦头、受尽内心煎熬。而湘军这个团体，也是经历了万千磨难。曾国藩和湘军要面对的不仅仅是直接的敌人太平军，还有很多没法明说的敌人：来自最高统治者的不信任和压制，地方官僚集团的利益争斗，内部将帅间的矛盾。每一个敌人都可能让湘军事业流产，但曾国藩挺过来了，湘军挺过来了。

石达开敏锐地观察到湘军船只的这个特点，而且他还知道，湘军打了胜仗，正得意扬扬，那些机动灵活的小船肯定会撇下大船，自顾自向湖内开去。

太平军把湘军截为两段后，石达开决定先解决长江上的大船，以彻底打灭湖内湘军的士气。于是几十只太平军小船，满载柴草、火药冲进湘军的大船当中放火。霎时间，长江江面上黑烟滚滚，火光冲天，不亚于当年周瑜的火烧赤壁。冲入鄱阳湖的湘军轻便小船得知江面上的大船被烧，就急忙掉转船头想回去救援，但晚了，湖口已经被太平军铁桶一般地堵了起来。

他们只好继续在湖内与太平军作战，但坚持到中午饭点时，湘军们都饿了，就想啃点干粮。可一摸口袋空空如也，干粮全在大船上放着呢！湘军的士气马上泄了一半。而太平军人手一个肉夹馍，吃得是津津有味，仗也是越打越勇敢。饱汉打饿汉，最后的结局可想而知。湘军这次受到了严重的损失。

看着眼前的惨景，曾国藩非常痛苦。他望着那浩浩荡荡的湖水，长叹一声说："想不到，我曾某人一生谨慎，这次竟犯了这么大的错误，都是高兴过了头啊！才害得这么多湖南的子弟战死。

名臣风骨

曾国藩的气度

曾国藩在岳麓书院读书时，同宿舍的一位同学心眼小，老跟曾国藩过不去。曾国藩把书桌往窗户跟前挪了挪，这位同学就说：光线从窗户射过来，那就是我的光。现在你遮住了光线，就是遮住了我读书的光。到了晚上，曾国藩点灯夜读，这位同学又生气地说：白天不读书，到了晚上影响人！这都是什么人啊！就在这一年，曾国藩乡试考中了，这位同学气愤不过，捶着床大骂：这房子的风水本来是我的，都是你把它夺走了！曾国藩笑笑，也不跟他计较。

我还有什么脸面去见潇湘的父老乡亲？唯有一死才能赎罪。”说完他就往湖里纵身一投。曾国藩虽然是南方人，但水性不是很好，下水后就扑腾了起来。这时，他身边的一名参谋看见了，连忙用桨去捞他，并且大声地说：“曾大帅，您这还叫男子汉大丈夫吗？不就是打输了一场仗吗，从古至今，谁还没打输过？像当年刘邦被项羽打得落花流水，最后不一样坐了天下吗？”

听了参谋的这句话，曾国藩很是羞愧，心想，我这是咋了！输了一场仗就寻死觅活，还配做孔门子弟吗？于是，他接住参谋伸过来的桨，上了船，而且说自己再也不会干傻事了。

没死的曾国藩，以后不但建立了功业，而且还成了近代有名的儒家宗师。

向历史借智慧

坚持就是胜利

有时候，胜利只需要再坚持一下，可脆弱的人是等不到这一天的。在日本，有个小伙去公司面试，可过了许多天，面试的结果始终没下来。这下，这个小伙就有想法了，他认为自己肯定被刷下来了，于是自尊心极强的他在压抑的情绪下选择了自杀。可他死后的第二天，他被录用的通知就来了。如果他能再坚持一天，人生就会大不同。

幕僚李鸿章的糗事

李鸿章是慈禧掌权时期的朝中大佬，但是他老人家也曾在曾国藩手下当过小弟。

太平天国起义时期，曾国藩的湘军声势闹得很大，其实李鸿章有段时间也在家乡合肥搞过自己的武装小部队，但因治军不严，最后没能成事。

没能成事又想干一番事业的李鸿章只好投奔很是赏识他的曾老师，二十岁时李鸿章就拜曾国藩为老师。曾国藩见李鸿章来了，微微一笑。他心里明白，自己的这个关门弟子才华是有，但臭毛病也不少。用得好会给自己带来不少帮助，用得不好就怕会搞散人心。自己得先给他打打预防针，别到时坏了自己军营的规矩。于是他笑着对李鸿章说：

“小李，你来了。作为我的学生，你来投奔我，那没问题。可你也知道，做老师的一向都很严格，不管谁坏了我的规矩，我都得按规矩办事。你的毛病我也知道些，如果你守得了规矩，就

名臣风骨

曾国藩的处世经

幕僚李鸿裔在曾国藩书房里看到一篇理学名士写的《不动心说》：“让我坐在美女旁边，问我心动吗？我会回答，不动。把我放在高官厚禄跟前，问我心动吗？我还会说，不动。”小李提笔补了句：“美女和高官都不心动，只想见曾中堂大人？”曾国藩教训李鸿裔说：“这些人素来言行不一，就是靠有些虚名来混好处的。但你要是揭穿了他们，他们一定跟你拼命，这可就是杀身之祸啊！”李鸿裔一听肃然起敬。

留下。如果守不了，那老师只好请你打道回府了。”

此时的李鸿章哪还管得了那么多，立即就表态：“老师您指东我打东，您指西我打西，绝对听您老人家的话。”

曾国藩见学生如此积极地表态，也只好把李鸿章收下做自己的秘书和参谋。民间有句俗话说得好：“说得快，忘得也快。”还没老实几天的李鸿章有一天就抽了自己一耳光。

有天早上，也不知前一天晚上李鸿章干了些什么，到了吃早饭的时间，他还赖在被窝里睡懒觉。可他的老师曾国藩有规定，每天早餐的时候，他所有的秘书和参谋必须和他一起吃。见李鸿章没来，曾国藩就两次派人去叫他，可李鸿章根本就没动弹，还找借口说自己发高烧了。曾国藩一听就知道自己的这个学生在装，他就对伙房的大师傅说：

“你去告诉他，就说我曾某人和一班伙计正等他来开饭呢，不想饿死我们，他就赶快来！”这个师傅只好去喊李鸿章，他走到李鸿章的床前推推他，焦急地说：

“李先生，快醒醒吧！曾大帅发火了，说你不去，早饭就不开。”

假装睡着的李鸿章一听到这儿，打一个激灵就爬了起来，心

野史秘闻

刮地皮

裴景福和李鸿章是同乡，有一年，他调任广州县令，去拜访李鸿章。李鸿章开他玩笑：“你可要把广州的地皮刮干净啊！”后来李鸿章出任广州总督，裴景福是南海县令。他再次拜见李鸿章，李对他说：“你这次当官，计划先做什么？”裴景福回答：“先刮平南海的地皮！”——当时广东多土匪，尤以南海为最。

想这次老师肯定真的生气了，就随便披了件衣服，趿拉着个鞋，一溜烟就往饭堂赶。等他一赶到，只见大家都用愤怒的眼神望着他。也不怨大家埋怨他，因为桶里的稀粥已经凉透了。

看着蓬头垢面的李鸿章，一向严谨的曾国藩真的很恼火，他大声对李鸿章说：

“你自己看看，就因为你一个人，害得大家都跟着饿肚子，你说说有这样办事的吗？规矩我早就跟你说过，你自己也答应过要遵守，可你现在这么做，不是把你自己说过的话当放屁吗？”

受到老师大声责骂的李鸿章只有点头的份儿。

经过这次教训，以后的李鸿章守纪律多了。可树欲静而风不止，李鸿章想做模范生，有些人偏偏不让。

有一次，大家下班后闲着无事，就围在一起扯闲篇，扯着扯着，总不免搞搞地域攻击。有一次便扯到安徽人身上，说得安徽人一无是处。曾国藩的湘军自然百分之八九十都是湖南人，为安徽说话的就只有李鸿章，他孤军奋战，苦苦支撑，无奈对方人多口杂，渐渐就把李鸿章说得招架不住。湖南人那边曾国藩的心腹爱将彭玉麟火力最猛。

野史秘闻

“绝代佳人”王闿运

陈宝箴当湖南巡抚时，请王闿运做儿子的老师。有一天，陈宝箴问儿子：“你的老师是一个什么样的人？”儿子一本正经地回答说：“他是像东方朔一样的人。”陈宝箴笑着点点头，开玩笑说：“我一开始不知道古代的绝代佳人长什么样，见了你的老师才明白了。原来你的老师就是个绝代佳人啊！你幸好没有卷入旧学窝中。”

于是，李鸿章以彭玉麟的父亲曾在安徽做官为“骂点”，开始进行阴一句阳一句的猛烈反扑。脾气火暴的彭玉麟一想，这还了得，竟骂到老子的老子头上，他不再跟李鸿章废话，一拳就向李鸿章挥去。高个儿的李鸿章怎么会怕小个儿的彭玉麟，攒足了劲的拳头也直奔彭玉麟而去。打着打着，两人就滚在地上摔起了跤，逗得大家哈哈大笑。

但糗事归糗事，其实在曾国藩军营当幕僚的那一段时间，李鸿章立下了很大的功劳。

向历史借智慧

说到做到

在和人打交道的时候，如果自己没有能力做某件事，就不要随便答应。因为如果你答应而没有办到，人家会认为你根本没上心，从此以后就会对你有戒备。当然了，如果有能力而不去办，那就是你的问题了，被人家知道后，肯定得成冤家。

天京事变

咸丰六年（公元1856年）九月初，正当清军与太平军在江南打得不可开交时，南京（太平天国称“天京”）城外秦淮河通往长江的出口处，却突然发生了奇怪现象。原本碧绿的江水先是被染成了血红色，紧接着便有许多的尸体顺着流水漂了出来。围攻南京的清军断定，城内的太平天国政权 定发生了大火拼。

清军还真猜对了，南京城内果然发生了大事件。

太平天国拿下南京后，虽然革命尚未成功，但太平天国的头头们已经开始了争权夺利和享受。其中，数一把手洪秀全和二把手杨秀清的矛盾最大。

本来洪天王是太平天国的带头大哥，大家应该都没话说。可杨秀清偏偏要挑战老洪的权威，老洪不是说自己是耶稣的弟弟嘛，老杨更绝，他说自己就是上帝再生，老洪你就是我的儿子。所以，老洪你得听我的。这下，洪秀全可受不了。但他也没办法，虽然知道老杨是在装神弄鬼，但还不敢揭了他的底，因为那样自己也

庙堂真相

太平天国兴亡史

1850年，洪秀全在广西金田起义。1851年，攻下广西永安，开始建国、封王，这是太平天国事业的第一步，形成了一些核心将领。1852年，攻下湖南、湖北部分地区，逼得曾国藩在这一年组建湘军。1853年，攻下江宁（南京），改名天京，作为首都，真正建立起政权，发布施政纲领和各项政策。1854年，逼得曾国藩两度要自杀。1855年，河北捻军起义，接受太平天国册封。1856年，天京事变，各王自相残杀。1864年，湘军攻破天京，太平天国运动失败而终。

没好果子吃。

老洪一让步，杨秀清就得寸进尺了，从此根本不把老洪放在眼里。忍无可忍的洪天王决定借刀杀人。

于是他写下带血诏书，命令在外打仗的韦昌辉、秦日纲、石达开等人，赶快回南京救自己一命。韦昌辉和秦日纲很积极，马上带领三千兄弟连夜赶回了南京。

进城后，他们二话没说，直接带兵杀进了杨秀清的家里。这个时候，老杨还在搂着媳妇睡觉呢，一看韦昌辉进了房门，他就心惊胆战地问了一句，老韦，你想造反吗？

韦昌辉冷笑了一声，说，造反？我们奉的可是天王的命令！说完，他就命令手下把杨秀清绑了起来，并且对杨家进行了大屠杀，连怀孕的女人也没放过。

韦昌辉之所以对杨家实行灭绝政策，那是因为他哥曾经被杨秀清五马分尸，自己也被打得皮开肉绽，所以今天他就是为了报仇而来。

杀得眼睛发红的韦昌辉，把杨秀清带到了洪秀全面前。洪秀全听说韦昌辉没经自己批准就杀了老杨一家，心想，这姓韦的

野史秘闻

曾国荃的贪污理论

曾国荃素有贪名，常常是一车一车地往老家运金银财物。后来打下南京，据说他更是把太平天国积聚在南京的巨额财宝都私吞了。曾国藩给弟弟写信，让他收敛点。曾国荃满不在乎地对人说：“我这老哥真是书呆子，不懂事，难道他不读《汉书·萧何传》吗？”萧何既能干又廉洁，刘邦对他很不放心，有人劝萧何：你的功劳太大，名声又太好了，这很危险！萧何于是自污名声。

比姓杨的更可怕，等他得了势，自己的脑袋能不能保得住还是个问号！

洪天王就想放了杨秀清，以便以后牵制韦昌辉。于是他就对韦昌辉说，老韦，放了老杨吧！大家都是金田起义的兄弟，何必太绝呢！

洪秀全的那点小九九，老韦可一清二楚，他心想，好你个老奸巨猾的老洪，得了便宜还想卖乖，今天我就要杀了杨秀清。于是，他不顾洪秀全的面子，当场就把老杨给解决了。

杀了杨秀清还没算完，韦昌辉又开始对他的同党进行了“大清洗”，反正每天不杀上个千把人，老韦就感觉空虚。

听到消息急忙赶回来的石达开，仗着大家还算是兄弟，他好言劝韦昌辉说：“老杨谋反，死了不可惜。但那些广西老乡大都是无罪的，你现在不分青红皂白就把他们都杀了，弄得每个人都害怕，这只能让兄弟们寒心，而让敌人高兴啊！”

但已成为杀人魔王的韦昌辉，根本没把石达开的话听进去，反而要杀“多嘴”的石达开，逼得石达开连夜翻城墙逃了。但韦昌辉把石家也灭了门。

名臣风骨

鲍超求救书

湘军将领鲍超没文化，只认得自己的名字。有一次，被太平军困住了，十万火急，手下师爷还在不紧不慢地构思着求援信，鲍超着急了，抢过笔，写了一个大大的“鲍”字，然后画了无数个小圈把“鲍”字围起来，派人送走。信送到湘军大营，别人都看不懂，曾国藩一看，笑着说：“老鲍又被围困了。”赶紧派人救援。

这下大家可不干了，心想，你老韦也太狠了吧！连石达开你也下手，你还有没有人性？

洪天王看准时机，连忙号召大家起来反抗韦魔王。最后，韦昌辉这个作恶多端的杀人魔王被五马分尸。

经过这次事变，洪天王的位子算是保住了，但太平天国的人马已经火拼得差不多。这也为它以后的灭亡埋下了祸根。

向历史借智慧

两面三刀玩不得

有些人为了维护自己的地位，总喜欢看手下人斗。他觉得只有手下人一个个都斗得筋疲力尽了，自己才好拿捏他们，这样自己的地位才能牢靠。为了达到自己的目的，他不是今天说甲的坏话，就是明天揭乙的短，最后手下们斗得伤痕累累，但他自己离完蛋也不远了。

火烧圆明园

公元1860年，胃口没有得到满足的英法强盗直接从天津登岸，打到北京城。而俄国外交官给他们提供的情报说：清军的主要兵力集中在东城，北城的防御力量最弱，应该先攻打那里；中国的皇帝就在西北郊的圆明园。其实，贪生怕死的咸丰早一溜烟跑到了承德避暑山庄。

贪婪的英法联军知道圆明园是世界上最豪华的园林，再听俄国外交官这么一说，就直接奔圆明园抢劫去了。

两伙强盗来到圆明园后，大清国的正规军没见几个，倒是一帮太监手里拿着木棍或大刀，坚定地守在园门前。这时，一个强盗军官就说了，快让开，皇上都跑了，你们这些太监有什么用？其中的一个太监大声回应说，我们虽然人少力量弱，但不管怎样，也不能让你们这帮强盗糟蹋了这座园子。说完他就抄着家伙向英法强盗奔去。但毕竟力量悬殊，不一会，太监们一个个倒在了强盗的枪口之下，英勇献身。

野史秘闻

荒唐文人龚半伦

据说，给英法军队领路去烧圆明园的，是著名爱国诗人龚自珍的儿子龚半伦。龚半伦一向狂诞不经，自称君臣父子兄弟朋友统统都不爱，只爱一小老婆，所以叫“半伦”。龚半伦不屑于官场，不关心国家大事，其实就是个有点脾气的文人。后来曾国藩当两江总督时，请龚半伦吃饭，想拉龚半伦到自己手下来帮忙，龚半伦当场大笑说：“以你的地位，顶多给我一个地方长官当当，你想我会在你手下当官吗？不要多说了！我们今天不谈政事，只谈风月。”

闯进圆明园的强盗们，就像叫花子进了天堂，一个个眼发绿、心发狂，心想，我的娘！就算把我们英国和法国的宝贝加起来，也抵不过这个园子。然后鬼子们进行了疯狂的抢劫。

圆明园里宝贝太多，鬼子们都不知道抢什么好。他们拿了景泰蓝花瓶，又觉得还是丝绸大衣好。于是放下瓶子来拿大衣，但忽然又看见镶着宝石的挂钟，又觉得还是挂钟值钱，于是又撇了大衣来拿挂钟。最后觉得钟太重，影响抢劫的速度，索性砸了钟，取走宝石。发展到后来，两伙强盗竟产生了强烈的变态心理，拿不走的，他们就砸了。

强盗们为了争夺宝贝，自己也进行了火拼。

其中一个英国鬼子和一个法国鬼子，因为抢一个金佛像打了起来。英国鬼子对法国鬼子说，你们法国人算个屁！只不过是我们英国人的跟屁虫。赶快松手，不然的话，老子送你见上帝去！但法国鬼子根本没理这茬，抱着佛像死也不放。他心想，英国哥们儿，这宝贝弄回家，以后就吃穿不愁了，想我让给你，没门！

英国鬼子见法国鬼子不撒手，拿起枪照着法国鬼子的脑门就是一枪，法国鬼子顿时就脑浆横流，翻了白眼，真的见上帝去了。

名臣风骨

现在的翰林还称得上翰林吗

龚自珍（1792—1841），号定庵，浙江杭州人，清代思想家、诗人，曾有名句“我劝天公重抖擞，不拘一格降人才”。龚自珍一生狂放不羁，喜欢说满洲话，喜欢结交青楼女子，晚年喜欢结交和尚，痛恨权贵。因为几次都没做上翰林，就痛恨上了翰林，在家发奋教老婆和孩子读书，每回见到翰林院的人，就嘲笑说：“现在的翰林还称得上翰林吗？一点真才实学也没有都能进翰林院，按这个标准，我家的老婆和孩子都能做翰林！”

拿到宝贝的英国鬼子是狂笑不止，最后因兴奋过度，心脏病发作，也见上帝去了。

但大部分的鬼子都在这次抢劫中发了大财。其中一个名叫赫利思的英军低级军官，一次就从园内抢到两座金佛塔（均为三层，一座高 2.1 米，一座高 1.9 米）及其他大量珍宝，他找了七名猛男替他搬运才运回军营。回国后这家伙就重新造了房子、置了地，后来索性连老婆也换了，整天吃香的喝辣的。于是，羡慕、嫉妒、恨的邻居给他送了个绰号“中国富翁”。

强盗们是发财了，但圆明园经过他们的洗劫，已经是惨不忍睹。

但还没完，万恶的强盗为了使自己的行为更加“深入人心”，决定火烧圆明园。在采取暴行的前几天，英法联军在北京全城张贴了如下公告：

任何人——哪怕地位再高——犯下欺诈和暴行以后，都不能逃脱责任和惩罚；圆明园将于（1860 年 10 月）18 日被烧毁，作为对中国皇帝背信弃义的惩罚；只有清帝国政府应该对此负责，与暴行无关的百姓不必担心受到伤害。

庙堂真相

挑帘子军机

清朝的军机处是最高权力机构。最初是三人，后来一般七人，最多时十一人。军机处按入职先后排名，最后入职的人就要承担一些勤杂工作。比如，每次军机处开会，最后入职的大臣就要跑到最前面挑起门帘，让其他人先进。开完会以后，这人也要跑到前面掀起帘子，待其他大臣都走了，他才能走。由于该大臣总是承担挑帘子的工作，所以被戏称为“挑帘子军机”。

意思就是说，之所以要烧圆明园，都是因为你们的皇帝不守信用和做了坏事，为了使他长点记性，必须烧圆明园。

之后，强盗们在园内到处点火。大火烧了三天三夜，圆明园成为一片废墟。

向历史借智慧

莫做魔鬼

一位美国的开国领袖和政治学家曾说过一句名言：“人既不是天使，也不是魔鬼。”这位老先生说得没错，在每个人心中都有善和恶的种子，到底让哪颗种子发芽，全靠自己这位农夫。在诱惑来临的时候，如果你能坚持住，好好呵护善的苗，你离天使也就不远了。但如果你任由恶的种子疯长，最终只能成为可怕的魔鬼。

辛酉政变

英法联军攻入北京、烧了圆明园后，逃到承德避暑山庄的咸丰连气带病就死了。咸丰死后，朝廷主要分为三派：一是咸丰死之前指定的辅助皇太子当家的，以肃顺为首的八个大臣；二是以他的弟弟“小六子”恭亲王奕䜣为首的家族宗室集团；三是咸丰的皇后慈安和贵妃慈禧。

从咸丰咽气的那一刻起，三股势力便开始了较量。肃顺等人拥立皇太子继位，改年号“祺祥”。慈安被尊为“母后皇太后”，贵妃慈禧因为是皇帝的亲生母亲，也被尊为“圣母皇太后”。

但一个尊号可打发不了慈禧，她的偶像可是武则天。肃顺等八大臣不让她管理国家大事，这让她很不爽，从此双方谁看谁都不顺眼。

有一天，慈禧就对肃顺等八人说：八位大人，你们看现在皇帝还小，根本管不了事。虽然老皇帝吩咐过，叫你们当他的帮手，可毕竟孩子是我生的，他的脾性我懂。所以我的意见是，你们就

庙堂真相

总理衙门设立

1860 年底，清政府为形势所迫，不得不废除原来的理藩院，新设“总理各国通商事务衙门”，简称总理衙门。总理衙门主要管的事情实际上却不是通商，而是外交，这是中国历史上第一个真正意义上的外交机构，实际上也是晚清史上权力最大的机构。

回家歇着吧！我来帮小皇帝打理事情。

八大臣一听慈禧这么说，知道她想学武则天。肃顺首先站出来说：皇太后，那可不行。既然先帝把小皇上托给了我们，我们就得负责到底。再说您听说过，有母鸡早上打鸣的吗？

慈禧就说，那汉朝的吕后、唐朝的武则天，不是已经做过这种事吗？而且还做得很好。

这时另一位大臣就高声说，是，吕后和武则天是做过，可她们死后，老吕家和老武家，那可是全家死光光。难道您老人家也想全家死光光？

听到这句话，慈禧气得是两手发颤，指着八大臣说不出话来，连怀中的小皇帝也吓得直哭，把尿撒了慈禧一身。

慈禧知道，自己想当大清朝的家，就得把肃顺八个刺儿头给拔了。于是她找到慈安，对她说："大姐啊！我看肃顺等人不是什么好鸟，不把他们解决，咱孤儿寡母以后就有的是气受。"

慈安为难地说："可妹子啊！咱们没有兵，怎么跟他们男人斗？"

慈禧连忙说："姐，这个你不用发愁，我已经秘密派心腹太

名臣风骨

"旗人混蛋多"

肃顺大权在握时，对待各部的官员特别残暴凶狠。他对待旗人官员，就好像对待奴隶一样，然而，对待汉人官员却特别谦虚恭敬。一次，和一个满族官员喝酒，他就说："咱们旗人混蛋多，懂什么？汉人是得罪不得的，他们那支笔厉害得很！"所以，他受贿也只受满族人的，不受汉人的。汉人中有才学的，他一定会招来做官，培养成自己的羽翼。湘军名帅曾国藩和胡林翼能够手握兵权，也都是肃顺的功劳。

监去请‘小六子 ’了。”

当肃顺等人在避暑山庄见到恭亲王奕䜣时，全都大吃一惊，他们责问恭亲王奕䜣：“六王爷不好好守卫北京，跑承德来，你想干什么？”

恭亲王说：“我哥死了，我来尽尽做兄弟的情分，难道都不行吗？”肃顺等人见他这么说，也就没再说什么。他们没说什么，小六子和他嫂子可说了不少“悄悄话”。

没过几天，恭亲王就回北京了。小六子前脚刚走，慈禧就催肃顺等人赶快护送咸丰的灵柩回北京。肃顺等人也没多想，就答应了慈禧。

但慈禧临走之前却对肃顺等人说：“肃顺大人，你带领军队护送灵柩走大路，其他七个人陪我们母子走小路。这样，我们可以先到北京，做好迎接先皇灵柩的准备。”

肃顺等八个人还真是老实人，想都没想就答应了。见肃顺等人没意见，慈禧是快马加鞭往北京赶，等她到了北京，肃顺护着棺材还在半路上。

慈禧一到北京，马上以小皇帝的名义发布了圣旨，宣布解除

野史秘闻

阎敬铭考不中会试

阎敬铭是朝廷的财政大管家，但他长得不好，土里土气，眼睛还一大一小。早年参加大挑，也就是按照相貌挑选官员，五官端正的选为官员，长相稍次的选做老师。每次阎敬铭都选不上，考官都是说："阎敬铭你先走吧。"阎因此常常感慨："连个会试也通不过！"

八大臣的职务，并立即将跟自己一起回到北京的七个大臣逮捕，又马上派人捉拿还在途中的肃顺。就这样，肃顺等人全去阴间陪咸丰了。

处置了八大臣后，慈禧给自己的儿子重新搞了个登基大典，改年号为“同治”，意思就是自己和儿子一起治理天下。这个女人终于实现了她的抱负。

慈禧搞政变的这一年，恰好是农历辛酉年，所以就叫 “辛酉政变”。

向历史借智慧

别小瞧女人

古代涌现出很多的女强人，在今天这个社会，女强人更是数不胜数。但是，今天好多的男同胞依然抱着老观念，认为女的要力气没力气，要理智没理智，根本就干不出什么名堂。但大家看看中国的体育界，还不是阴盛阳衰？再说现在的女干部、女经理还少吗？那种腐朽的老观念要不得，不然会被女同胞们笑话的。

杨乃武与小白菜

清朝末年，浙江余杭有个秀才名叫杨乃武，家里的条件虽说不上大富大贵，但也过上了小康的生活。本来老杨家的生活应该是很幸福的，但杨乃武为人性格耿直，遇到官员贪污腐败的事，他非得骂上几句不可。对于杨乃武这么一个“刺儿头”，当地的干部是恨得牙根痒痒，心想你小子等着，总有一天大爷叫你吃不了兜着走。

至于小白菜，也是余杭人。这个丫头从小就是个苦孩子，父亲死得很早，她就跟随改嫁的母亲一起来到杨乃武所在的镇上。小白菜长得非常漂亮，人也聪明温顺，因喜欢上穿绿衣、下穿白裙，所以那些经常欺负她的二流子，就给她取了“小白菜”这么一个“雅号”。

等小白菜长到十七岁的时候，她母亲就把她嫁给了本镇一个叫葛品连的人。可老葛家只不过是个卖豆腐的普通人家，小夫妻俩结婚后，家里的房子就不够住了，于是葛品连就托人租了杨乃

社会风情

有需求就会有供给

以前遇上了冤假错案，老百姓要上诉，只能去中央上访。但是路途遥远，尤其是要找准皇帝或者高官出行的时候，在路上埋伏好，等车驾一到，冲出来跪着喊冤，设法把诉讼材料交上去，这样做难度很大。于是，就产生了一个专门帮人上访的职业，从业者都是些流浪乞丐，可以从事主那里领到一笔钱，同时，有些地方官员也支持这种代理上访，甚至还会在吃住上为这些人提供方便。

武家闲着的房屋。

小白菜和葛品连搬到杨家后，葛品连因要起早贪黑在豆腐坊干活，所以十天半月才回出租屋一次。杨家人因为小白菜性情温顺，所以对她都很好，隔三岔五就叫小白菜去吃饭，好心的杨大叔还时不时地教小白菜读书识字，也没人敢欺负小白菜。杨家人对小白菜好，小白菜觉得是个好事，可她老公葛品连不这么想。不怎么回家的他便起了疑心，有一次竟丢下工作不干，潜伏回杨家准备抓老杨和小白菜一个现行，可他的愿望落了空，老杨对他的老婆没起歪心思。

对于自己漂亮的媳妇老跟一个秀才在一块，葛品连还是很不放心，于是夫妻俩就从杨家搬了出来。

从杨家搬出来后，他们不但没过上安生的日子，反而是恶事连连，先是县太爷的公子设计把小白菜给强奸了，后来有个无赖又想强暴小白菜。经过这两件事，葛品连不但不怪人家无耻，反而对小白菜和杨乃武以前的关系更起了疑心，把自己的老婆狠狠地打了一顿。

一波未平，一波又起。接下来发生的一件事，差点要了小白

社会风情

宰白鸭

清朝司法黑暗，有钱人杀了人，就花钱买一个穷人来顶罪，代替罪犯去受审受死。对于这种恶例人们习以为常，并发明了一个名词，叫“宰白鸭”。有一个县官在福州办案时，就遇上了这样的事情。凶犯才十六岁，而死者却是一个人高马大的成年男人，且身上多处被砍伤，明显非一人所为。但无论县官怎么劝导，凶犯始终一口咬定自己是凶手。凶犯说：“家里把卖我的钱已经花完了，进退都是死，我宁愿顺从父母的意思。”

菜和杨乃武的性命。

初冬的某一天，好好的葛品连突然身上忽冷忽热，双膝也是又红又肿。小白菜见老公情况不妙，就劝他请个替工，自己在家好好休息两天。可勤快的葛品连不听，仍然要到豆腐作坊去上工。可还没过两天，葛品连就觉得身体支持不住了，便回了家，在路过点心店的时候，他顺手买了几个粉团吃，可吃完后，就不停地呕吐起来。

待回到家时，葛品连已两手抱肩，发寒发抖，叫苦声不断。小白菜见到这个情况，急忙扶他上床，给他脱掉外衣，盖上两床厚厚的被子。安顿好后，被折磨得哼哼唧唧的葛品连就拿了一些钱叫小白菜托房东去买一些药来熬了吃。药买来后，小白菜就煎成汤给葛品连服下，可到了下午，小白菜就发现老公喉中痰响，口吐白沫，于是着急地问他怎么样。可这时葛品连已经说不了话了。这下可把小白菜吓坏了，急忙喊房东叫来母亲和婆婆，并请来医生。医生到后说是发痧了，要用万年青萝卜籽煎汤给病人灌下，但汤下去后，人没救活，最后的一口气也给弄没了。葛品连死后，一家人都痛不欲生，但也觉得是正常死亡，根本就没往其他地方想。

野史秘闻

当官三不要

清末，有个老头花钱买了个县长的官职，上任后在县衙门前用大字书写了“三不要”。下面有注释：“一不要钱，二不要官，三不要命。”当晚，有人就在每行字下添了两个字，“不要钱”下面写着“嫌少”；“不要官”下面写着“嫌小”；“不要命”下写着“嫌老”。

葛家人对葛品连的死没什么想法，但有些人可把这事当作千载难逢的机会。余杭县的县太爷便是其中的一个，他一直在盯着杨乃武和小白菜的动向。这位县太爷心想，杨乃武你个不识相的东西，平时你狗拿耗子多管闲事，我稍稍捞点钱你就骂我个狗血喷头，现在出了这事看我怎么收拾你。

这位余杭的父母官虽然要在葛品连的死亡上做文章，但当他审案时，却劈头便问小白菜："你跟杨乃武的奸情是从什么时候开始的？"小白菜坚定地说："老爷，我跟杨乃武是一清二白的，他虽对我很好，却从来没有过非分之想。"县太爷见小白菜不中招，就更狰狞地大声喝道："那你为什么要与杨乃武合谋毒死你的丈夫？"小白菜一脸无辜地说道："青天大老爷，我跟杨乃武奸情都没有，又何来合谋毒死我丈夫？"

县太爷这下急了，心想，我还认为一个卖豆腐的老婆好糊弄，没想到嘴这么利索，真晦气。行，先关你两天再说，到时看你嘴还硬不！

县太爷急了，他儿子也急了。他生怕没把杨乃武整下去，倒把自己强暴小白菜的勾当给暴露了。于是他就夜里派人去监狱恐

名臣风骨

"官屠"岑春煊

晚清三屠之一的岑春煊以屠官闻名，到广东第一把火就是搞"廉政风暴"，打了几只虎后弄得大家人心惶惶，可岑春煊这会儿是慈禧身边的红人，得罪不起，怎么办？一干广东肥佬后来想了个招，凑钱在香港开研讨会，并悬赏："有能使岑屠离开两广者，赏港币百万。"重赏之下，大家都活动开了，不久岑春煊果真调至云贵。得，广东官员们心下舒坦了。

吓小白菜说：

“你丈夫葛品连是被毒死的，验尸官已经确认。外面都在说是你与人合谋杀死了自己的丈夫，罪名如果成立了，你就会被凌迟处死，那可是千刀万剐啊！要想活命，只有说是别人叫你毒死丈夫的。你在杨乃武家住过，外面早就有人说你和杨乃武有暧昧关系，如果你说出是杨乃武叫你毒死的，你就不会被判死罪了。杨乃武有功名，面子大，官府不会让他死，大不了也就是把他的功名取消。可是如果你说出县太爷公子之事，毫无对证，那就是诬陷好人,要罪上加罪！你可要想清楚啊！”小白菜一听来人这话，吓得腿肚子直打哆嗦。

第二天，急于整倒杨乃武的县太爷又对小白菜进行了提审。这次他没废话，先让小白菜试了一下大堂上摆着的各种整人的玩意。一番折腾过后，小白菜已被打得遍体鳞伤，她再想想夜里那人的话，额头直冒冷汗。她心想，咱一个弱女子，哪是这帮狗官的对手，招吧！于是她就违心地说，自己的丈夫是自己与杨乃武合谋毒死的。

小白菜招了，县太爷那是相当高兴，可杨乃武就惨了。他马

社会风情

敲竹杠的由来

“敲竹杠”指的是利用别人的弱点或借某种口实抬高价格或索取财物。清朝末年，官方查禁毒品很严。有一个水运客商把毒品藏在竹杠之中，当船行至浙江绍兴码头时，遇到官府的检查，恰好有位师爷用烟袋在竹杠上随便敲了两下，商人大惊失色，以为对方看出隐秘，急忙掏出一些银子悄悄装入师爷的口袋，暗示请他包涵，不要再敲竹杠了。这就是“敲竹杠”的由来。

上就被抓到县衙，县太爷还是那套对付小白菜的说辞，但遭到杨乃武的猛烈反击。县太爷一看，软的不行，我给你来点实在的，于是把整小白菜的那一套工具又给杨乃武使上了。被打得七荤八素的杨乃武最后没办法，也给招了。

就这样，无辜的杨乃武和小白菜被稀里糊涂判了杀头的罪。但假的真不了，经过杨乃武家人及红顶商人胡雪岩的大力营救，还是把被冤枉的二位从阎王那儿救了回来。

向历史借智慧

瓜田李下要注意

有句成语叫瓜田李下，大概的意思是：你打西瓜地走过，不要弯腰提鞋，否则人家会怀疑你偷了他的西瓜；你从李子树下穿过，不要整理帽子，否则人家会怀疑你摘了他的李子。容易产生误会的地方，可不止瓜田李下。在公司，如果你跟哪个同事处得火热点，人家会说你俩是在拉帮结派。男生和女生关系亲近些，就会有流言蜚语。也许有人会说，身正不怕影子斜，谁爱说就说去呗。可闲话老说，有些时候，你可能会扛不住。

学习笔记

第四章　日落紫禁城

清朝末期，面对严峻的国内外形势，一批有志之士想实行改革，并取得了帝国的年轻领导——光绪的支持。但掌握实权的京剧爱好者慈禧，只想做点表面文章，真正的西化改革她是不可能接受的。她马上发动政变，对维新派人士进行血腥的镇压，改革进行了一百多天就被终结。

既然统治者软的不吃，人民只好来硬的。于是，1911 年发生了一件大事——武昌起义，最终把清王朝送上了末路。

丁宝桢智斩安德海

丁宝桢，爱吃辣椒的贵州人，咸丰年间考中了进士。他先是在翰林院学习了一段时间，然后就被外放到地方上做知府。后来，因为参加过京城保卫战，又加上做官比较廉洁正直，没过多少年，他就被朝廷任命为山东巡抚。

安德海，河北人，由于家里穷得揭不开锅，十岁就被阉割进宫做了太监。他由于办事利索，比较会拍马屁，深得慈禧太后欢心，因此成为慈禧身边的大红人。走红后的安德海比较狂，虽然只是个六品小太监，却胡作非为、骄横霸道，连小皇帝同治、“小六子”奕䜣等都不放在眼里。而且他还经常搬弄是非，挑拨同治和他妈慈禧的关系，使得小皇帝常被他妈骂。

看安德海很不爽的同治，很想拔掉这根刺，只是安德海有老妈护着，他也没招。

但老天要想一个人灭亡，就会让他先疯狂。

1869 年，安德海在宫里憋得实在难受，就想出去旅旅游，而

庙堂真相

太监生财之道

按清朝惯例，凡皇帝给官员赏赐些什么好处，官员都要磕头谢恩。这种磕头很有讲究，必须磕响头，就是说要发出声音，而且声音越大，领导越满意。怎么在砖块上磕出声音来，这是个技术活，技术的掌握者在于太监。只要花钱，太监就会指示一个好地方，轻轻一磕，就能磕出像打鼓一样的声音；如果不肯花钱，那脑袋磕出血来，声音也小得可怜。类似的窍门宫中有很多，太监们就是靠这些来赚外快的。

且搂草打兔子——捎带捞点钞票。恰好这个时候同治要结婚，安德海就对慈禧说，他想去江南为皇帝置办点结婚用品，其实就是想公费去江南玩。但慈禧还真以为小安子有这份心，就答应了他的要求。于是，安太监就带着一帮人，咋咋呼呼下江南去了。

一路上，小安子是吃喝玩乐，死命地显摆自己的威风。沿途的官员为了拍他马屁，钞票、地方特产成堆往船上送，安太监心里是乐开了花，乐得都忘记了自己的身份。船队开到山东德州的时候，他竟然为自己做起了寿。他做寿，老百姓就得受罪。但更离谱的是，安太监竟然穿着“山寨版”龙袍，叫跟随者向他三跪九叩。老百姓一瞧，傻眼了！心想，这大清朝怪事不少啊！太监也想过把皇帝瘾。

德州知府被安太监吸了不少血，心里有很大的意见，见安德海这么胆大妄为，就连忙把这件事报告了山东巡抚丁宝桢。

丁宝桢早就想收拾安太监。听到这个消息，他就想，小安子，这次不把你整到阎王爷那儿，老子不姓丁！于是，他马上写了封密信给同治皇帝，把安德海干的“好事”都一一做了揭发。同治知道老丁的意思，就急忙命令军机处给老丁下了封解决安德海的

庙堂真相

官员的交际费

清末张集馨任陕西粮道时，往来官员络绎不绝，一定级别的官员到来，张集馨都得亲自接待。官署必张灯结彩，宴席要备上席五桌、中席十四桌。上席的菜品里一定要有燕窝，中席的菜品里也必须有海参和鱼翅。西安不产大鱼，但上席必须有大鱼一尾，每一尾需制钱四五千文。其他菜品则包括白鳝、鹿尾，不然客人就会说主人吝啬，就会得罪人。

绝密级文件（密谕）。这一切，慈禧太后都被蒙在鼓里。

得到指示后，丁宝桢马上就逮捕了安太监，并立即进行了审讯。丁宝桢大声说："小安子，你可知道你犯了什么罪吗？"

安德海根本没把丁宝桢放在眼里，他反问一句："小安子是个糊涂人，不明白，丁大人您说说我都犯了什么罪。"

丁宝桢愤怒地说："你一个太监，私自跑出宫，到处骗吃骗喝，捞油水，还穿皇帝的龙袍。这些不都是罪吗？"

安太监把脖子一梗，说："什么叫私自出宫？我可是老佛爷的钦差大臣。"

丁宝桢说："那你拿太后的介绍信来。"

这下安太监蒙了，他走的时候，慈禧并没有开介绍信，只是个口头承诺。

丁省长趁热打铁，吩咐刀斧手赶快把瘫倒在地的安德海拖出去斩了。但这个时候，有人突然大喊一声，丁大人，刀下留人！老佛爷有指示文件。丁宝桢刚要打开文件，他旁边的师爷就向他挤了挤眼。丁宝桢知道师爷有话要说，于是就宣布暂时休庭。

师爷对丁宝桢说："老佛爷这个文件，咱不能打开，因为里

野史秘闻

送礼也要有文化

官场行贿送古董字画，历朝都有。清朝有个地方官员有求于某宰相，特意准备了一部《钦定四库全书提要》，为了表明是古董，特意在书皮上写上"宋版四库全书"。官员捧着这部装帧华丽的书送给宰相，宰相一看就笑了："《提要》是本朝才编写的，你是从哪儿得到这个宋版的呢？这可是无价之宝，我可不敢收！"

面一定是救安太监的话。没打开，咱可以说，都是按她儿子皇上的意思办事，老佛爷的文件没看见。可一旦打开而不照办，那就不好办了。”

听了师爷的一番高见，丁宝桢果断地把安太监咔嚓了。

向历史借智慧

处事要灵活

做事要有规矩原则，这没错，但有些人就不想想，人们定规矩到底是为了什么。为了什么？很简单，就是为了大家能过得舒心快活。如果没有规矩，谁说了也不算，这个天下就会乱套。人心一乱，谁也别想过安生日子。但规矩是死的，而事情却每天都在变化，如果碰到紧急情况还一根筋，那会耽误大事的。

“六不总督”叶名琛

在近代中国历史上，有一位著名人物叫叶名琛，他是湖北武汉人，道光十五年（1835 年）的进士。做官后的叶名琛挺会办事，也还算清廉，所以十几年后，他就被拜为大学士，并坐镇广州做了两广总督。

但天有不测风云，人有旦夕祸福。一帆风顺的叶名琛没想到自己会栽在广州，而且还赢得个“美名”——“六不总督”。

1856 年，中国的广州海关因本国的商船“亚罗号”从事走私活动，依法逮捕了船上的几名水手。可英国佬硬说亚罗号是他们英国的船只，还说中国缉私人员侮辱了悬挂在船上的大英帝国国旗，要求中国方面马上放人，并赔礼道歉。不然的话，就要大炮伺候。

面对英国强盗赤裸裸的威胁，叶名琛还算有骨气，坚决表示只放人，想要钱一个子没有；想说对不起，也没门！

听到叶大人的这番话，英国那帮平时在中国横行惯了的大胡子，气得哇哩哇啦乱叫，叫嚣着要踏平广州城。于是仗着自己家

庙堂真相

颟顸不是一个人的错

在清末与外国侵略者的战争中，令人痛心的事情不断发生。这是一场长矛对大炮的战争，颟顸的不仅仅是叶名琛，其实那个时代很多官员都和叶名琛差不多。有一个顺口溜就是讽刺后来中法福州海战的指挥官张佩纶、张树声、何如璋、何等的，顺口溜说：“福州真无福，法人原无法，两何没奈何，两张没主张。”即使英明如林则徐，初时也说过“中国只要不卖给洋人茶叶，洋人就会因消化不良而死”的话。

伙厉害的英国鬼子，派了三艘军舰发动了对广州的进攻，第二次鸦片战争就此拉开了它的序幕。

当一名士兵急匆匆地从外面跑来府衙向他报告情况时，正在看书的叶名琛不慌不忙地端起茶几上的茶喝了一口，然后很镇定悠闲地笑着对来人说：

“要淡定，懂吗？不就是来了几只破船嘛，只要我们不搭理他，等到太阳下山的时候，这帮红毛鬼子自己就会溜走的。”

很淡定的叶大人随即下令沿岸的炮台一律不许还击。但叶名琛的装聋作哑对于贪得无厌的英国人可一点效果都没有，没过多久，英军就轻轻松松进入了珠江内江，兵临广州城下。

想轻松拿下广州城的英军，先是派人进城说要与叶名琛商量和谈与投降的事情，但被叶名琛给拒绝了。然而不想讲和的叶名琛又根本不去想抵抗的事，整天就在家里求神拜佛，占卜算卦，希望神仙老爷能解解他的围。叶名琛虽然是个文化人，但一直非常迷信，尤其痴迷那个被狗咬的吕洞宾。这次也不例外，英军都打到了家门口，大家一致要求加强城防和组织民兵预备队，可他一概不听，还说：“吕洞宾祖师爷说了，他会保佑我们的。洋鬼

名臣风骨

圆滑宰相王文韶

清朝王文韶，历仕咸丰、同治、光绪三朝，官位显赫，因为阅历丰富，深深懂得圆滑之道，时人称其为“琉璃球”，又称“油浸枇杷核子”。王文韶特别能装聋作哑，一遇到重要关头就说自己耳朵聋。慈禧问他意见，他就笑，不说话，谁也不得罪。

子们待不了多久就得走人，所以大家别慌！”大家一听，直摇头叹气，心想，见过当官的，没见过这样当官的，屁股都快烧着了，还抱着菩萨不放。行，就看菩萨怎么救你吧！

叶名琛等他偶像吕洞宾的保佑，人家洋鬼子可不信这套。见叶名琛不想让他们省点力，英军随即对广州城发动了猛烈的攻击。见偶像不帮忙的叶大人怕丢了自己的小命，哪还有心思去管守城的事，连忙找了个隐蔽的地方藏了起来。第二天，群龙无首的广州城就被洋鬼子攻下，他们随即进行了疯狂罪恶的抢劫和杀戮，但在抢钱和杀人的同时，他们也没忘了那个玩“躲猫猫”的叶大人。

英军经过几天的努力搜寻，终于在一座草深树密的花园亭子里，将叶名琛搜出。也见过不少世面的叶大人，此时被吓得瘫倒在地，英军想扶他起来，可堂堂的叶大人就像一摊泥，刚一站立，吱溜一下又一屁股坐在了地上。洋鬼子也拿他没办法，只好吩咐他的随从用担架抬着叶名琛，费了老大的劲儿，终于把叶大人弄到了英军的船上。

这时他身边的随从就对他说了：“叶大人，洋鬼子把你弄到这儿来，肯定没安什么好心，依我看，你还不如现在就趁洋鬼子

野史秘闻

外国人都在船上生活

下属出使英、法回来，向工部官员祁世长汇报。祁突然问他：“你在惊涛骇浪中度过了四年，真是辛苦你了。今天再次见到陆地，高兴吗？”下属回复：“从英国到中国，海上路程不过一个多月，中途也到陆地上换船，并不是所有的都是水路。”祁很惊讶地说：“那么说英国也是陆地了？也能建房住，种粮食吃，是和我们一样的世界了？”下属说是，祁笑着说：“我今天是长见识了！我一直认为，你们出使外国，一年到头都在船上住呢。”

不注意，投江殉国算了，免得受洋鬼子的窝囊气，而且还可以留名千古。”但以前耳朵很灵的叶大人，这个时候却好像聋了，他把头偏向他的随从，大声地说：“你说啥？要叫我洗澡？你告诉洋鬼子现在水凉，洗不得。”这个怕丢了脑袋的叶大人还真会演戏。

不过这个贪生怕死的叶大人，后来的表现还算过得去。他后来被英国人弄到了香港，每天给英国人写字、画画，而且落的大名都是“海上苏武”四个字。后来他又被英国人押到了印度，来到印度的叶大人还抱着他喜爱的图书——吕洞宾的大作《吕祖经》，咿咿呀呀念个不停。可他不知道，印度那是佛祖的地盘，家乡的神仙可保佑不了他。

1859 年 4 月，叶名琛在吃完从故国带来的粮食之后，也许是良心发现，也许是想起了读书人的老祖宗孔子的教导，最后他因坚决不吃英国人提供的咖喱饭而被活活饿死。

事后，人们总结叶名琛在战争中的表现——不战、不和、不守、不死、不降、不走，称他为“六不总督”。

向历史借智慧

不能得过且过

做一天和尚撞一天钟——得过且过，这是很多人的生活哲学。可问题是，当你抱着这种态度时，你就会整天无所事事，失去斗志，也就不会为将来做打算。人可以没有理想抱负，可不能没有面包、馒头！得过且过的人生，越走到后头，人生的路便越艰难。

同治之后该是谁

1875年1月初，不到二十岁的同治就归了西。由于同治没来得及生儿子，皇帝的宝座由谁来坐便成了大问题。按照大清朝祖宗定下的老规矩，皇帝死后如果没有儿子，就应该选一个血缘最亲的下一辈继承皇位。同治皇帝载淳是“载”字辈，其下是“溥”字辈，按规矩，应该从“溥”字辈中选一人继承皇位。

但立“溥”字辈的人做皇帝，慈禧可不乐意。慈禧心想，立了“溥”字辈的人做皇帝，那我不成了皇上他奶奶——太皇太后，这个头衔好听倒是好听，就是不能当权，不实用。这种亏本的买卖，我可不干。

于是，慈禧决定要与老祖宗的规矩斗斗法，她坚持要立“载”字辈的人。在一次上早朝时候，她直截了当地说：“我想从我儿子的堂兄弟中选一个人来做皇帝，大家看好不好啊？”慈禧话刚说完，一位走路都不稳当的白胡子大臣就喊了起来：“老佛爷，不能这么干呀！这不乱了老祖宗的规矩吗？再说立了同辈的兄弟，

庙堂真相

苦命皇帝光绪

野史中经常说，光绪吃不饱饭，冬天寒冷的时候，光绪上班的地方，窗户破了都没人修，北风呼呼地刮进来。有人可怜光绪，就找了些纸把窗户糊上，慈禧知道后，大骂光绪：“祖宗当年创业，雨里来雪里去，你现在遇到这点风寒就说受不了，像什么话！”在慈禧面前，光绪只能站着说话。一次，有个艺人叫赶三的，扮成戏中皇帝，说了一句：“我这个假皇帝都能坐，那边有个真皇帝，却整日里站着，不能坐！”慈禧听了，才允许光绪以后不用站了。

那您的儿子不是就绝后了吗？”

一心想再垂帘听政的慈禧，可根本没把儿子的香火问题当回事。她反击说：“你这就是扯淡，规矩随着时代的进步也得改嘛。再说香火问题，宋太宗接他哥哥宋太祖的班，到现在有谁说宋太祖无后了？新皇帝的下一代，可以继承两个人的香火嘛。”

那个大臣见说不过慈禧，就扑通一声跪在地上，死命地把自己的脑袋往地砖上撞，顿时就鲜血飞溅。慈禧一看，干吗呀，犯得着这么不要命嘛！连忙吩咐人把那位老先生扶了下去。大家都知道，慈禧做事有股狠劲，跟她唱对台戏，绝对没好果子吃。于是大家都纷纷附和说，老佛爷办事绝对没错，就按您老人家说的办。

按理来说，就算立载字辈的，也应该是恭亲王奕䜣的大儿子最有戏。可这个时候不像辛酉政变那会儿，小六子和他的嫂子矛盾那是大大地有。慈禧可不想小六子做大做强，再说恭亲王的大儿子也是个半大小伙子，他如果当皇帝，慈禧可垂不了帘、听不了政。

思来想去，慈禧最后还是选中了自己亲妹子的儿子载湉（音tián），即后来的光绪皇帝。于是，她就专门把光绪他爸醇亲王叫

庙堂真相

最容易的事是做官

李鸿章曾说过一句话：“天下最容易的事，便是做官，倘使这人连官都不会做，那就太不中用了。”李鸿章晚年脾气大，动不动就扇人耳光，但被他打过耳光的不是升官就是得到赏赐，所以当时他的下级，都以被扇耳光为荣。

了过来。醇亲王一到，慈禧就问："你知道我叫你来干什么吗？"醇亲王恭敬地回答说："不知道，请老佛爷指示。"

看着有点紧张的妹夫，慈禧接着微笑地说："我的小妹夫，别紧张！找你来，是有好事要跟你商量。你看把你儿子载湉立为皇帝，好不好？"慈禧说完这句话，以为自己的妹夫兼小叔子应该会兴奋得手舞足蹈。可没想到的是，光绪他爸一听慈禧说的话，立即就晕倒在地，口吐白沫，一看就是吓得不轻。也许醇亲王知道，慈禧把自己的儿子弄来，不过就是想找一个听话的木偶，把自己的儿子交给慈禧，不亚于把绵羊交给狼。

但面对强大的慈禧老佛爷，他也没办法，只能把自己的儿子交出来。至于儿子能不能逃脱慈禧的魔掌，只能听天由命了。

就这样，光绪当了大清的第十一位皇帝，同时也开始了他的悲剧人生。

向历史借智慧

看上去很美

有些东西，乍一看，非常美，可一仔细打量，说不定就得把你吓得晕过去。俗话常说"如鱼饮水，冷暖自知"，大家都说做皇帝好，哪里知道做皇帝的苦呢！所以，当你看见一个看上去很美的东西的时候，请格外睁大眼睛看仔细！

镇南关大捷

公元1885年冬末，清政府得到秘密情报，已经侵占越南的法国军队，又在中国广西边境挑事，并占领了中国的镇南关。清政府犹豫再三，最后还是决定要对法国鬼子发起自卫反击战。广西帮办军务、老将军冯子材，受命率军奔赴镇南关。

镇南关地处广西，是非常重要的边关要塞。当冯子材带着一千人马火速赶到镇南关时，法国侵略军已经从镇南关撤离了。鬼子临走时，不但炸了城墙，还对附近的老百姓进行了烧杀抢掠，昔日雄伟繁华的镇南关，现在成了人间地狱。

看到镇南关的这种惨状，冯老将军非常愤怒，他亲自带领人马夜闯法军的军营，给法国鬼子来了一顿痛打。被打得晕头转向的鬼子想还击时，冯老将军带人早已消失得无影无踪了。

法国鬼子被冯老将军打了一记闷棍，气得是暴跳如雷。他们决定要对中国军队展开报复，于是法国鬼子又向镇南关进军。可来到关前，他们就看见不远的地方有个高高的木柱，上面好像还

名臣风骨

冯子材请求改史书

冯子材年轻时加入过太平军，后来又归附清政府。有一本名叫《平定粤匪方略》的书详细记录了冯子材当年在太平军中与清军对抗的事情，冯子材看了很不安，向皇帝汇报说："我小时候家里穷，误入贼党，那也是不得已的事。自从我归附政府以来，为朝廷南征北战，就是想赎罪。我恳请皇上命史官碰到'冯子材'这个名字时，在'材'字上加一捺改成'林'。"真是人人都有一段不愿被提起的伤心史啊！

挂着什么东西。走近一看，只见木柱上绑着一条死狗，腐烂得非常厉害，那股恶臭熏得法国鬼子直吐苦水。木柱上不仅有死狗，冯老将军还给法国佬留了言，上面写的是：“我们将用法国狗的头颅，重建我们的门户镇南关！”

法国鬼子的领队一看这句话，气得像狼一样“嗷嗷”叫唤，并咬牙切齿地说：“冯子材，我发誓要割下你的头颅，带回法国送进博物馆。我要告诉法国人，一个狂妄的中国人的下场是悲惨的！”法军随即发动了对镇南关的进攻。

法国鬼子先用大炮轰击关上的中国炮台，清军也进行了英勇的还击。但那时中国的武器与鬼子相比差距很大，一会儿工夫，清军的炮台被炸得只剩下两座，而且进攻的鬼子还不在它们的射程之内。凭着炮火的优势，法国鬼子纷纷向山上的关城涌去。但当他们踏上一片浓密的荒草地时，只听“轰”的一声巨响，几十名走在前面的法国鬼子被炸得飞上了天，他们的头头儿也从马屁股上摔了下来，跌了个狗吃屎。原来在那里，中国军队早就埋下了“地雷”，专候鬼子们上门。

但法国鬼子有炮火的掩护，还是占了上风。就在这个关键时

庙堂真相

总理衙门外交会谈场面

英国驻京使官威妥马，曾记下了总理衙门办公的情形：只要有外国的使臣来到总理衙门，那就一定能看到桌上摆放有水果和吃食。王公大臣们按照身份依次坐下，谈论国家大事也要在吃喝中进行。开会时，中国的大臣不敢各抒己见。大臣们你看看我，我看看你，然后再看看亲王的脸色……亲王一说话，一群人都会热烈地响应附和；如果亲王不说话，那其他的大臣也都鸦雀无声。

刻，冯老将军决定派人打掉敌人的炮台。但派去的人在敌人炮火的攻击下，攻了几次都没成功。冯老将军看见这种情况，又命令自己的一名爱将率兵去支援。这名手下有点犹豫，他对老将军说：“鬼子们马上要发动第二次进攻，我一走，守城的力量更弱，您就危险了！”老将军坚定地说：“不打掉敌人的炮台，关城更危险。快去吧！我虽然老了，但就算把命搭上也得打退鬼子！”这位手下没办法，只好含泪告别了老将军。

由于走了一部分人，守城的力量更弱，鬼子们看到这种情况，马上又发起了疯狂的进攻。而且他们的头头儿还狂叫着：“兄弟们，玩命地给我上啊！活捉了冯子材，就官升一级，回巴黎度假三个月！”鬼子们一听头头儿这话，冲得更起劲了。

这个时候，大多数清军都有点扛不住了。危急时刻，冯老将军挥舞着大刀，激昂地对士兵说：“决不能让法国鬼子打进关，不然的话，我们有什么脸面去见两广的父老！算个爷们儿的，就跟老冯我杀出去。”于是，老将军大吼一声，手执长矛一马当先就冲了出去。士兵们一看白发苍苍的老爷子都不要命了，自己如果还害怕，那真的没脸活了！

野史秘闻

唱歌谣讽刺张佩纶

中法战争开始后，在福建指挥作战的是张佩纶、张树声、何如璋、何璟。这些人都是当时的朝廷大臣。可是，战争一开始他们就不战而败，让所有人震惊。当时，福建街上的小孩嘴里都唱着这样的歌谣：“福州真无福，法人原无法，两何没奈何，两张没主张。”

于是清兵纷纷跟在老将军的后面，与法国鬼子展开了肉搏战。这时鬼子的炮台也被攻下，没了炮火掩护，近距离又没了枪的优势，鬼子们被打得满地找牙。这时，附近的老百姓也纷纷过来帮助清军。在爱国军民的狠狠打击下，法国鬼子是全军覆没。

这次大快人心的胜利，大家称它为“镇南关大捷”。

向历史借智慧

姜还是老的辣

“长江后浪推前浪，前浪死在沙滩上。”这句话给人的印象就是，后生们就是牛气，与他们相比较，老头们就是一堆废物。这种观点从某个角度来看是有点道理，可更多的情况是“家有一老如有一宝”。老年人虽然因为年纪大，精力等方面不如年轻人，但为人处世的经验那可老到多了，他们风风雨雨走过了几十年，什么事没见过？有时候办事靠的就是经验，所以年轻人应该多向老同志学习，以使自己少走弯路。

颐和园与北洋海军

1884年，清政府有两件大事要办：一是为老佛爷修建颐和园，二是创办北洋海军。

想办事没钱可办不成，软弱的清政府经过多年的卖国行为，把家底已经败得差不多了。可今年是领导慈禧的五十大寿，作为庆典的献礼颐和园，有条件得上，没条件也得上。

这不，慈禧的妹夫醇亲王（也就是光绪他爹，这时已经取代了恭亲王的位子，成了慈禧手下的一号人物）就被叫到宫里问话。醇亲王一到，老佛爷也不废话，张口就问：“妹夫大人，我好不容易活到了五十，你们这帮大臣准备怎么给我过生日啊？”光绪他爹连忙回答说：“老佛爷的生日，那肯定得大办特办。”醇亲王还想说点什么，但慈禧又问他：“那颐和园弄得怎么样了？我听人说，好像到现在还没开工。”醇亲王赶忙回答：“老佛爷，我知道您老人家着急，但国库实在没钱，我这些天正在想办法呢。而且已经想好了两个办法：一是把修建颐和园说成是挖湖兴办海

庙堂真相

光绪和慈禧斗法

某年，光绪第一次看到羊，肥肥白白的，很喜欢，就弄了几十头养在宫里。可是羊到处乱啃花草，把园子整得不成样子。于是有人建议说，天坛草肥地阔，是个放羊的好地方。光绪就派太监赶着羊去天坛，可是天坛管理员没接到通知，死活不让羊群进去，太监一激动，动手打了人，管理员竟然自杀了。慈禧听说后很生气，明令禁止光绪放羊。但慈禧爱养狗，她养了几百条各种各样的狗，光绪决定报复。某天，光绪亲自打开园门，把慈禧养的狗都放跑了。

军学校（水师学堂），办国家重点大学，这样就可以名正言顺地搞集资、摊派；二是下文件，命令全国官员们拿出薪水的四分之一，来给您老人家的生日献份爱心。”

慈禧虽然觉得这样有点掉份儿，但转念一想，自己的五十大寿可不能寒酸，不管怎么说，自己这身份，可不能把事办得让老百姓笑话。于是她同意了妹夫的意见。

但颐和园的工程实在太大，光绪他爸出馊主意弄的两个钱，三下五除二就花光了。这不！没了钱的醇亲王，找北洋海军的负责人李鸿章来了。

一进李鸿章家，醇亲王还没开口，李鸿章倒先说话了，他满面春风地对醇亲王说：“王爷，请坐！请坐！我正想找你去呢，没想到你倒先来了。”听老李头这么一说，醇亲王不免有点紧张，就怯怯地问了一句：“老李，你有啥事啊？”李鸿章连忙笑着说：“不瞒您说，我准备为海军买点先进的军舰，但手头有点紧。您看您能不能给我想点办法？”

这老李头还真没说瞎话。本来说好的，清政府每年从海关关税中拿出四百万两白银，作为建设北洋海军的经费，可是实际到

庙堂真相

上班就是看鸟弄花

光绪、宣统年间，政局动荡，人心浮躁，很多官员每天早晨到衙门签个到，快到中午就回家了。说是上班，其实什么事也不做，敷衍了事点个卯而已。有人写诗记录这一情形：“本无一事报公家，犹自蜂狂到署衙。顾我绵财羞袜线，翻嫌民政尚萌芽。上堂宛似星瞻斗，入院唯看鸟弄花。最是消闲无那处，出门闲坐东洋车。”

账只有一百二十万两。这差得太远了！老李头这才想找醇亲王磨嘴皮子去。

这个时候的光绪他爹可管不了北洋海军的事，听老李头这么说，醇亲王脑袋都大了。他苦笑着对老李说："城里有三海子（北海、中海、南海）工程要建，城外又有颐和园要建，都得花钱。现在大清的家底您也知道。实话跟您说吧，今天我是来跟您要钱的。您的海军就缓缓吧，老佛爷的事可耽误不得！"这下轮到老李头发晕了，心想，这真是米没吃成，倒沾了一嘴屎。但老佛爷的事情谁敢马虎，咬咬牙掏吧！于是，建设北洋海军的经费大部分成了慈禧老佛爷的建园费。

北洋海军因为建设经费被拿去建园子了，在以后的七八年里连一艘军舰也没买。而在这个时候，我们的邻居日本却在大力发展海军。

向历史借智慧

做事前先掂量轻重

在同一个时间，也许你有很多事情需要处理，这时候你就得分清主次、轻重。要紧的事安排在前，优先办理；不那么重要的就放在后面，有时间再解决；闲事那就更不必说，打入冷宫。如果手忙脚乱，眉毛胡子一把抓，最后，只能把事情弄得一团糟。

中日甲午海战

公元1894年，通过改革强大起来的日本，发动了对朝鲜的侵略战争。为了国际友谊和中国自己的安全，清政府决定抗日援朝。但在朝鲜半岛，中国军队惨败，而且战争有向中国境内蔓延的势头。在这种情况下，清政府决定增兵朝鲜，运送士兵的工作由北洋海军负责。

这年的9月17号，海军提督丁汝昌在完成运送援军的任务后，便率领北洋舰队往旅顺港赶。当舰队航行到鸭绿江口的黄海海面上时，突然看到了许多挂着日本国旗得军舰驶来，官兵们知道不好，遇上了东洋鬼子。

虽然有点意外，但大家也没害怕，丁汝昌吩咐全体官兵做好战斗准备。这个时候，中国方面有十艘军舰，日本有十二艘军舰，总的来说力量对比差不多。

说时迟、那时快，北洋舰队刚做好准备，日军的一个炮弹就朝丁汝昌的船飞了过来。鬼子的这颗炮弹威力还真不小，不但炸

庙堂真相

弱国无外交

1894年，黄海海战之后，日军登陆中国，对旅顺进行屠城，这就是旅顺大屠杀，仅留三十六人存活。第二年，中日海军在刘公岛附近再战，中国再败，丁汝昌自杀，李鸿章任全权大臣，赴日议和。日本要求割地赔款，在谈判桌上，日本首相伊藤博文坚持一个月内将台湾割让给日本，李鸿章说：如此多的头绪，两个月还差不多，贵国何必如此着急，台湾已是你们的口中之物了。伊藤凶狠地回答：还没吃下去呢，日本正饿得很！

断了桅杆，连写着“海军提督”四个大字的帅旗也被击落。丁汝昌本人也是血流满面。

整个舰队马上失去了统一指挥。在这十分不利的危急时刻，“致远”号舰长（管带）邓世昌挺身而出，他果断地把船开到丁汝昌的船边，并大声地对丁汝昌说：“丁大人，您还能坚持吗？不行的话，我来指挥舰队。”

伤得够呛的丁汝昌马上回答说：“邓舰长，那北洋舰队的命运就交付给你了。”

临时担任总指挥的邓世昌观察了一下形势，他发现日军的火力比较猛，如果硬碰硬，中国海军肯定得吃亏。于是，他吩咐舰队分成两支，从日本舰队的两边包抄上去。别说，这招还真见效，有几艘日本鬼子的军舰被击中了。但人家的东西质量还真是过硬，虽然晃悠了几下，但没一会就缓过来了。他们立即发起反攻，于是炮弹像雨点一样飞向北洋海军。中国军舰的驾驶员还算操作熟练，没“接收”小鬼子的铁蛋。

趁日军填炮弹的间歇，北洋海军的官兵就想给小鬼子送点“地瓜”吃，可是一发射，炮弹非但没有飞出去，反而弹了回来。大

庙堂真相

万寿无疆、三军败绩

甲午年，正是慈禧老佛爷六十大寿，从上到下都要有所敬献，宫女太监都要捐银子，摆饽饽桌，总共摆了850桌。自皇宫到颐和园沿途布置彩棚、彩灯，用了彩绸10万匹、红毡条60万尺，总共花费700万两银子。而这一年，中日战争中中国惨败，北方灾荒不断，民不聊生。有人不满，写了一副对联：万寿无疆，普天同庆；三军败绩，割地求和。

家拿起来一看，气得都要吐血，原来炮弹里面装的根本不是火药，而是泥沙。大家心想，死老太婆慈禧和那班狼心狗肺的贪官，军费打他们手中过，都得打折扣。现在好了，连用的炮弹也是“生瓜蛋子”，这大清政府不亡才怪！

但生气归生气，毕竟打仗又不完全是为了统治者，所以，官兵们的战斗热情依然很高。但巧妇难为无米之炊，没有过硬武器的北洋海军最终还是惨败，其中四艘军舰被日本击沉了，剩下的到处是窟窿。

日军占尽上风，趁机纷纷向邓世昌指挥的“致远”舰围拢过来。邓世昌很镇定，继续指挥士兵英勇战斗。但在鬼子密集炮火的攻击下，“致远”舰已经着了大火，船身开始倾斜。这时，邓世昌鼓励全舰官兵说：“我们出来当兵，死亡是避免不了的。今天走到这一步，就应该以身殉国！但是我们不能白死，不是‘吉野’舰最嚣张吗？咱们今天就跟它同归于尽。”

说完，邓世昌亲自驾着“致远”号，全速撞向日本主力舰“吉野”号。日军一见这种情况，吓得都要尿裤子，急忙集中炮火向“致远”舰射击，“致远”舰的鱼雷发射管不幸被击中爆炸，导致“致

庙堂真相

清末五大财神

清末皇室中，以奕劻、载泽、载沣、载涛、载洵最能敛财，合称〝五大财神〞。庆亲王奕劻参与签订《辛丑条约》《满洲协约》，以土地为礼物，随意送给列强，因此得绰号为〝庆以地〞，他的军机处则被人称为〝庆记房地产有限责任公司〞。

远”舰沉没。邓世昌落海后，他的随从想用救生圈救他，但被他拒绝。他养的狗也游到他的面前，用嘴咬着他的胳膊想救他一命，但邓世昌毅然把狗按到水中。最后，邓世昌与全舰官兵二百五十余人一同壮烈殉国。

这次海战因为是发生在农历的甲午年，所以称为“甲午海战”。在这次战役中，北洋海军元气大伤，但日本海军也受到重创。

向历史借智慧

可以被打败，但不能被打倒

在人的一生中，谁也不可能天下无敌。当你遇到比你强的敌人时，就算知道自己一定赢不了，你也要勇敢地亮出你的宝剑，与敌人拼上一拼。因为只有拼才会有机会，才会赢得对手的尊重，最后就算败了，或失去了已经拥有的一切，你还是一个纯爷们儿！

李鸿章出使俄国

1896 年 3 月 28 日，已经七十三岁高龄的李鸿章从上海港口出发，开始了对欧美多国的访问。清政府之所以派老李头出国访问，主要是为了与欧美各国建立“友好互助”关系，以便以后日本再嚣张的时候，这些欧美“哥们儿”能帮个忙。

李鸿章出访的第一站是俄国。俄国方面把接待李鸿章以及双方谈判的地点定在彼得堡。

李鸿章的访问团一到彼得堡，俄方就把老李头安排到一座豪华别墅里。老李头走进别墅一看，就傻眼了！别墅外面的院子里有中式的亭子、中式的水池、中式的假山，更奇怪的是，连看门狗也是中式的。进到屋里一看，更让人兴奋，中式的屏风、中式的八仙桌、中式的服务小妹，连方便的家伙也是中式的马桶。

一到饭点，端上来的饭菜更是让人想不到：有安徽徽州地区的臭鳜鱼、臭豆腐，也有老北京的烤鸭和炒肝，喝的是贵州茅台。这饭吃得老李头都有点不知道自己在哪儿了。他心想，看不出来，

野史秘闻

李鸿章出洋故事

据说李鸿章访问美国时，一次去参加宴席，很想坐坐总统的椅子，就趁着休息时，赶紧坐在了椅子上。还有一次，李鸿章给一位美国官员送去一张名片，这名片很大，上面的字也很大。美国人很愤怒，就回送了一张更大的名片。李鸿章不服输，这次他做了一张足足有一个人高的大名片。李鸿章访问英国时，戈登的家人送给他一只小狗。不料，数天之后戈登家人收到李鸿章的回信，信中说：“你的礼物，我收到了。只是我老了，你送给我的美味，我才有幸吃了一点。”

这俄国朋友不错嘛！招待客人这么热情周到。

休息了几天后，俄国沙皇就找老李谈话了。沙皇笑容可掬地对老李说："李先生！这几天还习惯吧！"

老李连忙说："很好，很好。你没看见我身上都胖了嘛！"

沙皇哈哈一笑，说："那就好！那就好！但老李啊，我还有个事跟你商量一下。你看你们东北还没有铁路吧，我们想援助中国来建，不知你能做得了主不？"

老李连忙说："没事！没事！你们又不像日本要土地，不就是帮我们建铁路嘛，这件事包在我身上。"就这样，东北的铁路权被老李一句话给送出去了。

老李的痛快让沙皇非常高兴，在以后的接待中，俄国人把老李简直当"爹"一样服侍。

经过几天的会谈，终于到了两国签《中俄密约》的时候，可俄方的官员刚要下笔，他就发现了文件上的一个大问题。原来由俄方起草的第一款，本来规定中俄军事同盟要对付"日本或与日本同盟之国"。当时李鸿章看到这一款，那是相当高兴，心想，有了这个，咱以后底气可足多了！可后来俄方认为，日本的盟国

名臣风骨

书生见识遇上和谈代表

张之洞一向都很高傲，和李鸿章意见不合。庚子年间，张之洞和刘坤一提出了"东南互保"，而李鸿章在京城，整天来往于八国联军统帅瓦德西的办公地。张之洞写信责备李鸿章，李回复："张之洞，你当官这么久了，还是书生见识！"张之洞勃然大怒："李鸿章，你议和了两三次，就以前辈自称？"

可不少，欧美的老大英国就是其中之一，这样签下来，我们的麻烦可大了！于是他们就想删去“或与日本同盟之国”这几个字。可到了签字的这一天，粗心的女秘书拿错了，她拿来的仍然是原来的文件稿。

不过，这位代表俄方签字的官员可不简单，他是俄国的一位外交老手，随机应变的能力非常强。他看了看手上的表，时间已经是十二点一刻，他连忙拍了几下巴掌，有几个服务生就走了进来。于是他对他们发火说：“你们的工作怎么做的！都到十二点了，怎么还不为客人安排午饭？”

服务生辩解说：“你不是正在跟李大人签字吗？我们怎么敢进来。”

这位官员的火更大了，他咆哮地说：“签啥签，你没看李大人年纪多大吗？大中午的不吃饭，能写好字吗？”

服务生只好连忙答应，马上去准备饭。俄方的官员又向李鸿章笑了笑，说：“李大人，真的不好意思！您看我们先吃饭吧，不然饭菜都凉了！”

李鸿章哪知道其中的小九九，他还以为人家敬老呢！心想，

社会风情

官场避讳

清朝官场盛行避讳之风。有人给光绪朝邮传部右侍郎盛宣怀送了一些宣威火腿，礼单上本来写的是：“宣腿若干。”师爷一看这样不行，犯讳了，于是向盛侍郎汇报说：“有人给您送腿来了。”

吃就吃呗！签“李鸿章”三个字，又花不了一万年。他于是撇下文本，和大家吃饭去了。

就在吃饭的这当口，俄方派了两位秘书，将条约文本做了手脚。饭后回来的李鸿章，已经是红光满面、肚皮鼓鼓，对摆在桌子上的文本根本就没在意，拿起笔就在上面签下自己的大名。

到此，老李的俄国之行“圆满”结束。

向历史借智慧

天下没有免费的午餐

要记住，天下没有免费的午餐。如果你碰见了，那只有两种情况：一是就像买彩票，你运气太好，中大奖了！二是在免费的午餐背后，有着不可告人的秘密。第一种情况是概率事件，没啥好说的。第二种情况就得注意了，你贪人家一顿免费午餐，人家看上的是你一年的饭票！

戊戌政变

光绪为了复兴中国，开展了轰轰烈烈的改革运动“戊戌变法”，但这件事老佛爷从来没有点过头。等光绪、康有为、谭嗣同等人自说自话到一定程度的时候，老佛爷就准备出手了，她想在天津阅兵的当口把光绪给废了。改革派人士一看形势不妙，也想把慈禧给做了。

可做掉慈禧，不是那么简单的事。人家的心腹荣禄，在天津拥有的军队可不少，而改革派包括光绪在内都是光杆司令。于是大家就想找个有兵的人。大伙一合计，袁世凯啊！他虽然是荣禄的手下，但这个老袁头出过国（曾长期驻兵朝鲜），知道现在的国际形势，他应该同意我们的主张。于是，谭嗣同就给光绪提建议，叫他拉拢袁世凯。光绪马上给老袁升了官。

有天夜里，谭嗣同还亲自去见了袁世凯。一见面，谭嗣同就开门见山地问：“袁将军，你觉得皇上怎么样？”袁世凯说：“皇上那还用说，五百年出一个的人物。”谭嗣同又问：“老佛爷和

社会风情

旗人的苦日子

清朝规定旗人不得营生，一生下来就由政府养着。但是从咸丰、同治开始，内战、外战接踵而来，国家越来越穷，旗人的生活也就开始走下坡路。到了光绪后期，朝廷发放的俸禄越来越少，很多旗人为了生活，不得已偷偷地在外打下等工。女的给人当保姆或者洗衣服，男的给人养马或者是做苦力等，甚至有些地位的旗人也开始这样干。

荣禄的阴谋，你知道吗？”袁说：“是的，稍微知道一点。”于是谭嗣同激动地说：“现在可以救皇上的，只有你一人，你若想救皇上，那再好不过了；如果你不打算救皇上，干脆立刻就去老佛爷那儿告发我，让她砍我的头！那样的话，你老袁就有享不尽的荣华富贵！”说到这里时，他还用手拍了拍自己的脖子，以示自己的决心。

袁世凯听了，故意装出一副很生气的样子，提高了嗓门说：“你小谭把我老袁当什么人了！皇上不光是你一个人的皇上，而是我们共同的皇帝。再说皇上想复兴中华民族，这是好事嘛！你有什么话尽管说，我听着！大老爷们儿，别要死要活的。”

谭嗣同缓了口气接着说：“把你的顶头上司荣禄给干掉。干掉了他，老佛爷就没了依靠，这样她就废不了皇上。而皇上从此可以掌握实权，这样的话，改革也就可以顺利地进行。这可是流芳百世的好事啊！不知道将军有没有心去做？”

袁世凯连忙慷慨激昂地说：“如果皇上能给我下达铲除逆贼的号令，那么我一定能像小谭你这个正人君子一样，就算豁出命来，也要保卫皇上！”

野史秘闻

“宰相合肥天下瘦”

李鸿章和翁同龢都是清末权臣，有人作了一副很有名的对联：“宰相合肥天下瘦，司农常熟世间荒。”李鸿章是安徽合肥人，因为身居高官，所以被人称作“李合肥”。翁同龢是江苏常熟人，被人称作“翁常熟”。宰相和司农都是他们各自的官职名。这里是百姓对他们执政的讽刺。

谭嗣同又试探地问了一句："那荣禄对老袁你可是不错啊，你下得了手吗？"

袁世凯一听这句话，一拍桌子，火了！他愤怒地对谭嗣同说："小谭，你是不是故意气我，荣禄老贼那叫对我好？老东西不过想收买人心，所以给我点小恩小惠。你放心，为了国家能站起来，我会把荣禄当狗一样杀掉。"于是谭嗣同就把救光绪、杀荣禄的计划，详详细细地和袁世凯说了一遍。最后袁世凯对谭嗣同表示，请皇上和改革派人士放心，好消息马上就来了。

可没想到的是，谭嗣同前脚刚走，袁世凯后脚就赶回了天津，并把所有的事情都告诉了荣禄。荣禄知道情况后，马上派兵封锁了所有进北京的路，而自己坐上专列连夜进京向慈禧告发。慈禧知道这件事后，吓得脸色都变了，她做梦也不会想到，平日一贯唯唯诺诺的光绪皇帝竟有胆子跟自己斗法。

可震惊过后，这位狠毒的老女人果断采取了行动。她先把光绪叫来痛骂了一顿，然后把他软禁了起来，自己重掌大权，并派兵逮捕康有为、谭嗣同等人。

康有为等人在日本大使馆的保护下，离开中国去了日本。他

庙堂真相

梁头康尾丢状元

戊戌变法失败后，专门举行了一次经济科的会试。广东举人梁士诒文章写得很好，本来应该录取为第一名的。可上报给慈禧批示，慈禧看到他是广东人，心里就不高兴。再看他的姓名，和梁启超同姓，和康有为同名（康有为本名"祖诒"），更是极不舒服，大笔一勾，梁士诒便落了榜。

们临走之前，也劝谭嗣同一起去日本，可谭嗣同坚决不同意。他对大家说：“各国的改革，哪个不是经过流血牺牲才成功的？而在中国从没听说过有为改革而牺牲的人，这大概就是我们改革失败的原因吧。如果是这样，我谭嗣同愿意做第一人！再说，现在皇上不知道是生是死，我不忍心走！”第二天，谭嗣同就被逮捕了。最后，他与康有为的弟弟等六人在菜市口被杀，大家称之为“戊戌六君子”。

随后慈禧又把所有的改革派官员撤了职，光绪实施的新政，除京师大学堂（北大前身）被保留外，其他的全部被废除，戊戌变法彻底失败。

向历史借智慧

有些人，千万别跟他说秘密

人类是群居性、社会性动物，彼此之间需要沟通和交流，不然的话会憋死的。有人就会说，大家之间交流，说的也是一般的话呀！至于秘密，谁会随便去跟人说？但我告诉你，越是不能说的，人们越憋得难受越想说。其实，说说也无妨，天下没有藏得住的秘密，只是要选对对象。特别是对于一些事关生死存亡的秘密，更要谨慎。如果跟一个小人透露了，那祸害将是大大的。

光绪的最后一搏

光绪的改革（戊戌变法）失败后，就被老佛爷慈禧给关了起来。

他的“看守所”（囚所）就在中南海的一个小岛上，看守的人每天一换，全是慈禧太后的走狗。年轻的皇上每天只能在他屋前的院子里散散步，或是忧郁地望着湖水发呆。这种囚犯似的生活让他发疯，因为他心中还有男儿的抱负。

过了几个月后，光绪决定要做最后一搏。有一天，轮到一个叫“小顺子”的太监“看”光绪。到了晚上吃饭的时候，光绪突然笑着对小顺子说：“小顺子，过来，今天晚饭你跟我一起吃。”虽说现在光绪成了落毛的凤凰，但要与皇上一起吃饭，小顺子还没那个胆。他连忙说：“这可不行啊！您这样可会要了奴才的小命的。”

但光绪没理会他，撕下一个鸡腿就塞到小顺子的嘴里，而且还亲切地说，小顺了，慢慢吃！不够还有。这下，受惯了白眼的小顺子眼泪那是流得哗哗的。他心想，人家不管怎么说，还是皇

庙堂真相

历史不忍细读

1900 年，慈禧利用义和团运动下诏向各国同时宣战，各省接到命令后，反应不一。两江总督刘坤一、湖广总督张之洞领头搞了个东南六省联合互保，拒绝中央命令。一个多月后，八国联军进京，慈禧领着光绪仓皇出逃。这就是庚子事变。第二年，清政府和各国签订条约，即《辛丑条约》，赔偿巨额军费。因为清政府领导人的颟顸无知，中国人付出了巨大的代价。

上啊！能给咱这么低贱的人面子，那是天大的恩呀！

小顺子扑通一声，跪倒在地，他流着泪对光绪说："皇上！虽然说我是老佛爷那边的人，但奴才一直就对您有好感。您如果有什么事要奴才办，小顺子就算不要命了，也得为您办。"光绪赶忙把小顺子扶了起来，沉重地对他说："小顺子！现在我还真有一件大事要你帮忙。"光绪掏出了一块手帕，放在小顺子手里，说："这个手帕，你带出去托人转交给康先生（康有为），我的身家性命全在这儿，你可千万要小心！"小顺子表示一定会送到。

可光绪终究逃不出老佛爷的手掌，小顺子一换班上岸，就被皇宫的安保部门给抓了，并马上把他押到了慈禧的面前。慈禧一看见小顺子，二话没说，上来就给了他两个响亮的耳光，并厉声地说："你个白眼狼！别以为你们干的好事，老娘不知道！皇上都跟你说了啥，赶快给我说，不然的话，有你好受的！"嘴角已经流血的小顺子低着头一声不吭。慈禧连忙大声喊人，"来人啊！把这个狗奴才给我往死里打！"于是，来了两个凶悍的士兵，按住小顺子，用棍子往死里打。被打得快要咽气的小顺子，还是一句话没说。但不幸的是，由于打得太厉害，那块手帕不小心从内

野史秘闻

宫中物价高

慈禧大寿，固原提督雷正涫入宫相贺，节目以听戏为主，雷正涫与太监商议，太监每小时给他送茶一杯，外加三枚烟泡。每杯茶雷正涫打赏千两银子。这戏一听就是三天，雷正涫一共付了一万八千两茶钱，太监赚翻了。

裤里掉了下来，站在旁边的太监连忙捡起来送给慈禧。

慈禧接过来打开一看，肺都气炸了。原来，光绪用自己的血写了这么几句话：“康先生您说叫我跟您一起流亡国外，可我的处境您也知道，不可能逃出某人的魔掌。如果有可能的话，我希望先生能够请外国人帮忙，以便把我从水火中拯救出来。”慈禧心想，你个兔崽子！还写血书，把老娘我当曹操了！我养你这么大，还扶你做皇帝，现在倒好，我倒成了奸贼。还想请老外帮忙，臭小子！有你姨妈在，谁也甭想捞你出去！

最后小顺子被活活打死，光绪听后也只能落泪叹气。

光绪学汉献帝写血诏，可自己的命运比汉献帝更惨。自从发生了这件事后，光绪连院子也不能去，只能窝在屋子里当“宅男”了。

向历史借智慧

没机会先趴着

人，特别是男人，都想干点轰轰烈烈露脸的事。可中国的人这么多，这脸可不是你想露就能露的，大部分人只能成为别人的陪衬。就算你有雄心壮志，那机会可不是说有就有的，大部分时间还得耗着。这时候怎么办？没其他的办法，先好好趴着，修修自己的内功，等有机会了再玩命地跑。

京剧爱好者慈禧

清末同治和光绪两朝的实际掌权者慈禧，不仅喜爱权力，而且还是个京剧爱好者。

这位老太婆看戏有个特点，别人看戏总爱捧个爆米花什么的，她老人家不，手里拿的是剧本，一边看一边对台词。一旦发现演员的表演与剧本不同，她会立即提出批评意见，情节严重的，有可能还要被打屁股。老太婆的记忆力也非常惊人，看完后，所有的故事情节和台词，她老人家都能记得。到了晚上，她便关起门来，在后宫与太监们客串一把。

慈禧不仅会看剧本，修改剧本也是行家里手。

有一次，著名京剧表演艺术家谭鑫培在宫里为慈禧演《清风亭》（这是一出谴责不肖子孙的戏）。当大家正演得起劲时，慈禧却突然喊暂停。因为“导演”慈禧要求增加“雷公”和“电母”两个角色，理由是，那么不肖的儿孙，就应该让台上雷电交加，把他打得七孔出血，这才符合天理嘛。于是加了两个角色，大家

野史秘闻

戏迷肃亲王

晚清的王公大臣大都喜欢听戏，肃亲王善耆更是听戏成瘾，他曾经和名角杨小朵合演《翠屏山》。肃亲王扮演石秀，杨小朵扮演潘巧云，演到某段，杨小朵大声呵斥：“你今天就是王爷，也得给我滚出去。”肃亲王听了也不在意。有一年夏天，各省立宪请愿代表到北京，正谈着话，肃亲王忽然脱掉帽子站在桌上，嘴里唱起来：“先帝爷白帝城……”代表们吓了一跳，肃亲王笑着说，“你们都是我的好朋友。今天咱们高高兴兴地唱一出戏。”

又继续演。

可没一会，慈禧又大喊一声："停！"老太婆说，既然有雷电，电闪雷鸣过后就应该下雨嘛！演员们心想，这老太婆事虽多了点，逻辑性还不错，于是又塞进个雨师。

慈禧爱看戏，却也经常伤害演员的自尊心。

有一次，著名的喜剧演员郎德山饰演《金钱豹》（有关唐僧师徒救美的戏）里的猪八戒，这郎德山是回民，信奉的是伊斯兰教。她却偏偏对郎德山说，猪八戒可是一头猪，你应该学声猪叫嘛，不然大家谁知道你是猪八戒。

郎德山一听，这死老太婆不是在拿自己开玩笑吗？于是很愤怒。但人家权力大，自己又能怎么样？他就学了一声，但不是猪的"嗷嗷"，却是羊的"咩咩"。

慈禧一听，你小子要我呢！这不是羊叫吗？原来，慈禧是属羊的，很忌讳有关羊的东西。这下她不干了，大喝一声，郎德山！你想干吗！吃饭的家伙不想要了吗？叫你学猪叫，你却学羊叫。

郎德山连忙跪下磕头说："老佛爷，实在对不起！我饿了，一时头晕才叫错了。"慈禧知道这是在撒谎，但还得看人家演的

野史秘闻

刘赶三戏弄仨亲王

刘赶三擅长演丑角，有"丑角第一人"之称，经常入宫演出。有一次，惇亲王（排行老五）、恭亲王（老六）、醇贤亲王（老七）都陪着慈禧看戏。刘赶三演妓院里的老鸨，客人来了，他就故意大声喊："老五、老六、老七，出来见客啦！"大家都被逗乐了，三个亲王都尴尬不已。

戏呢，只好饶了郎德山。

但对于一些戏剧界的大腕，慈禧有时候也会发发善心。

有一年，“二月二”宫里耍龙灯。宫里耍龙灯的可不是一般的把式，邀请的是“武生泰斗”杨小楼。但谁都有马失前蹄的时候，这次杨小楼就出岔子了。耍龙灯其中有一项是耍珠子，正当杨小楼耍得不亦乐乎时，突然把戏台角上的檀香木架子撞倒了，啪的一声巨响，可把慈禧老太婆吓得不轻，她还以为谁想谋害自己呢！

慈禧一激动，立即把杨小楼叫到跟前，大声喝问：“杨小楼，你今天吃错药了！为什么出这么大的岔子？”

杨小楼连忙跪下磕头说：“奴才今儿个连唱了四场大戏，太累了！这才一时出错吓到您老人家。”

慈禧听了，心想杨小楼这小子平时还是不错的，气就消了一大半，脸色也好点了，反而很体谅地安慰杨小楼：“小杨啊！真难为你了，今后可别再接这么多活儿，赏你二十两银子，赶快回去休息吧！”杨小楼接了赏钱，就回家休息了。

接杨小楼班耍珠子的人想，这倒不错，没受处罚反而得了赏钱，行！我也来一手。于是他故意把台角的架子撞倒，人们又是一惊。

庙堂真相

太监骂人

晚清朝廷有个规矩，官员犯了忤逆朝廷之罪，要受“传旨申斥”，也就是跪在阶下，任由太监臭骂，不得还口。光绪时张百熙犯事，接受处罚，那些太监骂人极为专业，声音不大不细，先是讥讽张的长相，再到张的祖宗十八代，历时半日才收嘴，末了大喝“王八蛋滚下去”。张跪了半天，双脚早麻，只好用手爬行而去。

这次慈禧可没被吓着，她对那人说：“你看杨小楼出岔子得了赏，也想试试是吧？来呀！砖竿子伺候！”砖竿子就是灌了铅的竹竿，打在身上特别痛，最后那位戏子屁股被打得肿了两寸。后来他就想，人和人差别咋就这么大呢！

作为一个国家的实际掌舵者，慈禧整天看戏，这个国家也就没戏了。

向历史借智慧

千万别学人家

在这个世界上，每个人都有自己的特点，也都有自己的闪光之处，千万别什么都是人家的好，什么都跟人家学。人家有的东西，因为你没有他的那个条件，是学不来的，如果强学，最后只能是把自己的特长给丢了，还像东施一样惹得别人笑话。为什么不做真实的自己，活出自己的精彩呢？

刺客吴樾

吴樾，安徽人，打小就喜欢古典文学，《三国》《水浒》之类的，都看了很多遍。于是他立志，来这个世界一趟，一定要像书中的那些英雄好汉一样，干出点轰轰烈烈的事。1902年，二十多岁的他经过族人的推荐，来到河北保定高等学堂读书。读书期间，吴樾又阅读了大量的革命书籍，并且参加了暗杀组织“北方暗杀团”。

清朝末年，腐败的清政府为了缓和国内矛盾，就假模假样说要学习西方现代政体，并准备派满族贵族载泽、兵部侍郎徐世昌等五人出洋考察。这个消息被吴樾打听到了，他准备干掉这五人。

在实施暗杀前，吴樾在安徽会馆请自己的几个知心朋友吃了顿饭。在吃饭的过程中，多喝了几杯的吴樾，突然唱起了荆轲那首千古绝唱：“风萧萧兮易水寒，壮士一去兮不复还！”并且还对大家说，“兄弟们，今天哥几个喝个痛快，也许过不了几天，你们就见不着我了。”朋友们一听有点犯糊涂，就问，你不是好好的吗？咋还见不着了！

庙堂真相

革命风云史

1905年，孙中山、黄兴等人成立中国同盟会；清政府派五大臣出国考察宪政，不久宣布废除科举。1906年，宣布预备立宪。1908年，光绪、慈禧先后去世。1911年初，广州黄花岗起义，10月，武昌起义爆发，自此，中国迎来了一个新的时代。

吴樾见自己话有点过头，就连忙改口说："不是见不着，而是我要做一件惊天动地的事给你们瞧瞧！"大家只好说，等着听你的好消息。

1905年9月24日，出国考察的载泽、徐世昌等五人来到了前门火车站，而准备谋杀他们的吴樾来得更早。

吴樾当时穿的还是学校的运动服（操衣），当他想浑水摸鱼混进火车站的时候，被一个士兵给拦住了。那士兵对吴樾说，学生，你瞎眼了，不知道这趟火车是专列吗？赶快滚一边去！

吴樾连忙说，那国防部的副部长徐世昌，是我远房表哥，我是来给他老人家送行的。士兵根本不听吴樾这一套，不耐烦地对吴越说，去！去！去！老佛爷还是我姨了，你信吗？

反正士兵死活就是不让进，吴樾没办法，只好去火车站附近，高价买了套冒牌军装。经过一番乔装打扮，吴樾终于混进了火车站，并上了那辆专列。当他准备往五个人的包厢去的时候，在车厢门口，又被一个士兵拦住了。那士兵问他，你知道这是什么地方吗，你就往里闯？没事赶快一边凉快去！

吴樾回答说，大哥，我是那五位大人的贴身保镖，也许您还

社会风情

红顶戴

清朝的红顶戴原本是一、二品大员才能戴的，但到了清末，吏治混乱，红顶戴越来越多。有人嘲讽说：都是红顶戴，但具体各有不同，比如，私下写信请人代办而得到职位的人，叫作信红；贿赂或者买来的，叫作银红；偷盗杀人得到官职的，叫作血红；办理外交而得到的，叫作洋红；操办大婚典礼而得到的，叫作喜红；年纪资格老的，叫作老红；还有一种，让儿子、女儿认大官当干爹的，把老婆送给贵官的人，叫肉红。

不认识我。那士兵一琢磨，车上的保镖我也都认识啊！全是北方人，可这小伙子一口南方话，其中肯定有诈。于是他连忙向他的同伙招手。吴樾一看不好，得来硬的！于是他用力把那个士兵一推，奋不顾身就冲进了包厢。

这个时候火车正要开动，吴樾趁这个机会引爆了身上的炸药，准备与五大臣同归于尽。顿时，轰的一声巨响，五节车厢一齐剧烈震动起来，过了好久才停住。吴樾当场牺牲，那五个人中，载泽一只手被炸得都是血，被吓得神经错乱的他竟摸着自己的脖子问："我的脑袋呢？"其他几个人虽然都保住了小命，但魂都去了一半。

中华民国成立后，吴樾被追认为烈士。

向历史借智慧

要做大事，多读好书

腹有诗书气自华，说的就是一个人肚子里的墨水多了，自然就有好的气质。其实书的作用，不但能改变一个人的精神气质，更能影响一个人的一举一动。看了什么样的书，接受了什么样的思想，一个人就会做出什么样的事。所以，如果你想做出一点成就的话，请上正规书店多买点好书。

清帝退位

辛亥革命一发生，全国各省比赛似的宣布独立。大清的江山是保不住了，投机分子袁世凯瞄准这个机会，跟南边的革命党玩起了谈判。双方约定，袁世凯负责劝清帝下台，而革命党推举袁世凯做总统，并不再向北方进军。

想做总统的老袁立即哭丧着个脸，来宫中拜见隆裕太后（光绪的媳妇、慈禧老佛爷的亲侄女）和娃娃皇帝溥仪。到了宫里，老袁就一弯腿跪下，他满脸是泪，哽咽地对隆裕说："我的太后啊！南边的人说了，如果皇上自动下台，他们会给你们优待。如果坚决跟他们拼到底，等他们打到北京的时候，就把爱新觉罗家族的人全部杀光。"

听着老袁这句话，隆裕冷不丁打了个寒战。她胆怯地说："老袁，你的北洋军不是实力还挺强吗？难道就扛不住南边的军队？"

老袁心想，我扛住了，总统有我的份儿吗？开什么玩笑！但嘴里说出来的却是："太后啊！你不知道，南边那帮革命党一个

庙堂真相

本朝与胥吏共天下

晚清第一任驻外公使郭嵩焘，曾经有一段名言，论中国历朝故事：西汉与宰相外戚共天下，东汉与太监名士共天下，唐与后妃藩镇共天下，北宋与奸臣共天下，南宋与外国共天下，元与奸臣番僧共天下，明与宰相太监共天下，本朝则与胥吏共天下。可说是道出了历朝兴衰的部分原因。

个都是玩儿命的。再说，现在北洋军很多人，也想玩什么共和。这不，他们还给我写信，叫我也反了呢。”袁世凯站起来把几封信交给了隆裕，“但大清对我多好啊！这种事，我老袁绝对不干！”

说完这句话，老袁趴在地上又痛哭起来。看着这内外交困的形势，想着未知的前途，再加上老袁表演艺术的感染，隆裕也是放声大哭。但地上的袁世凯一想，咱今天可不是专门来哭丧的，还是说正经事吧！于是他抹了把眼泪，平静地对隆裕说：“太后咱老哭也解决不了问题，您还是拿个主意吧！看该不该答应他们的要求。”

这时的隆裕哪还有什么主意，她悲凉地说：“就按他们说的办吧！只不过我们皇家的待遇问题，老袁你还得帮帮忙！”

老袁连忙说：“行！我一定不会让他们做亏待你们的事。”

后来革命党听说清帝愿意自动退位，就真的开出了优厚的待遇，而且还立了份法律文件《清室优待条例》。

于是，1912 年 2 月 12 日，清政府举行了最后一次朝见仪式，准备正式宣布退位诏书。朝堂上，隆裕脸色憔悴，双眼红肿。坐在她腿上的小溥仪，却用小眼睛好奇地打量着下面的各色人等。

庙堂真相

卖国的都是商人

清末，在京城商业联合会中，所有的商人云集。大家都吃着水果、喝着茶，闲聊着。大家争论历史上的商人谁最厉害，有人说：“最厉害的商人还是吕不韦。他用半个女人，就做了皇帝的干爸。”有人反对说：“你们眼界太小了，要说厉害，谁有宰相冯道厉害？冯道做了后唐、后晋、后汉、后周，四个朝代十个君王的宰相。把十个主子都卖了，这才叫厉害！”有人立刻辩解说冯道没有从过商，不是商人。说的人回答：“卖国的不都是商人吗？”

因为这是下台之前的朝见，大臣们就没那么客气，只向隆裕太后和小皇帝鞠了鞠躬。

这时有个大臣就说：“袁大人今天感冒了，烧得厉害，所以今天的早朝他来不了，但他叫我带了句话，就是让太后和皇上多保重！”其实老袁头根本没病，只是谎话说得太多，自己也觉得心虚，就不愿意来了。

隆裕听后只能点点头，说：“袁大人这都是累的，他能为皇室争取到优厚的待遇，也实在不容易。今天我就按照说好的办，发布文件正式宣布皇帝退位。”

可是说到“退位”两个字，隆裕太后鼻子一酸，泪水夺眶而出，她搂着不懂事的溥仪抽搭起来。这个时候的隆裕太悲痛了，她心想祖宗这二百六十多年的江山，最终在自己手里断送，死后怎么有脸去见地下的列祖列宗？想到这里，隆裕太后由抽搭变成号啕大哭，嘴里还喊着：“祖宗啊祖宗！我有罪呀！”

看到这里，底下的大臣们眼睛也湿了，好几个人甚至哭出了声。但其中有个大臣想，既然都这样了，哭有什么用！他淡定地对隆裕说：“太后，如今事情都这样了，您再伤心流泪也没用，还是

野史秘闻

想来国债有山河

清朝有一个老头儿，一生欠了很多债，到了他的儿子孙子辈还没有还完。老头儿写了三首诗，以为自嘲，第一首是：“自从出世债缠身，旧债才偿又转新。恰喜儿曹尤胜我，堪称欠债老乡绅。”第二首：“如今当道有良图，国债堪将危局扶。怪煞区区先欠债，收来如许令高徒。”第三首：“思量欠债最难过，国债如何不怕多，我债却无田产抵，想来国债有山河。”

保重身体，想想以后怎么过日子吧！”一句话点醒梦中人，隆裕心想，说得对啊！再难过，生活还得继续呀！于是她停止了哭泣，并让一个大臣宣读了退位诏书。

至此，大清王朝正式结束了它二百六十多年的统治历程。

向历史借智慧

伪君子可恶

只要人类存在一天，伪君子就不会消失。说到伪君子，大家就会想到真小人。关于伪君子和真小人谁的危害更大，前两三年，著名学者易中天专门谈过这个问题。他认为伪君子更可恶，因为恶事做得隐蔽，大家不能防备，所以肯定受到的伤害更大。而真小人因为作恶大张旗鼓、公开化，大家有所准备，所以就会大大减少危害。这个观点从某个角度来说是正确的。

学习笔记

学习笔记

学习笔记

图书在版编目（CIP）数据

一口气读懂中国史 / 将进酒 · 黄 著．—北京：东方出版社，2020.1
ISBN 978-7-5207-1206-4

Ⅰ．①一… Ⅱ．①将… Ⅲ．①中国历史－古代史－青少年读物
Ⅳ．① K220.9

中国版本图书馆 CIP 数据核字（2019）第 198578 号

一口气读懂中国史 · 清朝故事
(YIKOUQI DUDONG ZHONGGUOSHI · QINGCHAO GUSHI)

作　　者：将进酒 · 黄
责任编辑：辛春来
出　　版：东方出版社
发　　行：人民东方出版传媒有限公司
地　　址：北京市朝阳区西坝河北里 51 号
邮　　编：100028
印　　刷：三河市嘉科万达彩色印刷有限公司
版　　次：2020 年 1 月第 1 版
印　　次：2020 年 1 月第 1 次印刷
印　　张：70（全 10 册）
开　　本：880 毫米 ×1230 毫米　1/32
字　　数：1570 千字（全 10 册）
书　　号：ISBN 978-7-5207-1206-4
定　　价：268.00 元（全 10 册）
发行电话：(010) 85924663　85924644　85924641